マドンナメイト文庫

私の性体験投稿 乱れる吐息

夕刊フジ

目次

私の性体験投稿 乱れる吐息

二股男の誘惑

東京都・ＯＬ・三十八歳

私にはふと、思い出す男がいます。そして、こう思うのです。

あの男ともう一度セックスがしてみたい、と……。

二十代前半のころはセックスなんてどうでもよく、男が求めるから応じていました。なぜなら、それほど気持ちがいいと思わなかったから。自分でするオナニーのほうが比べられないほど気持ちがよく、セックスなんて、なんでしたがるんだろうと思っていたくらい。

じつは、そのころの私の肉体はまだ成熟していなかったのですが、当時はそんなことにはちっとも気がつきませんでした。

毎日、友達といっしょにあっちの居酒屋のなにがうまい、こっちの居酒屋のなんだかがおいしいと飲み歩き、食べ歩き、そしてお決まりのクラブに行って、踊って朝まで遊んでいました。

でも、私はいつも誰かといっしょにいたいという気持ちが強く、常に男とつき合っていました。でも、その男が好きというわけではなかったから、相手にもそんな気持ちが伝わったのでしょう。いつの間にか自然消滅。だから、男とつき合っても長続きはしませんでした。

男といればセックス。求められるからするけど、面倒。そんな気持ちでしかなかったのです。

そんなとき、ツトムとバイト先で知り合ったのです。仕事先の人とセックスすると面倒になると思ってはいたのですが、気づいたら寝ていたという感じでした。

週に四、五回、私の部屋に来てはセックスをする。そんな関係でした。ただし、彼が来るのは不規則。夜中や早朝にとつぜん来ることも多かったので、半年ほど経《た》つとカギまで渡していました。

バイト先でも、誰もいなくなると、

「ああ、なんだか、おまえとしたくなった」

そんなことを平気で言ってくる男だったのです。

「こんなところでなに、言ってんのよぉ」

そうたしなめると、

「だからさ、おまえに挿《い》れたいんだよ。ああ、オマ×コしてぇ」

と、まあ、こんな感じです。

「なあ、トイレでちょっとしてこない？」

こんな誘いを受けることもありました。

ところが不思議なことに彼に誘われると、断れないというか、ついその気になってしまうのです。

そんなときは、そっと抜け出して、女子トイレで合流です。

ここのトイレは会社専用ではなく、フロア全体、ほかの会社の人も利用するのですから、誰が入ってきてもおかしくはありません。

私が便座に座ると、目の前で彼がズボンを下げます。彼のパンツの中から、ポンと音をたてるように、勢いよくオチ×チンが飛び出してきました。

「これ、舐《な》めろよ」

彼は私の口の前にパンパンにふくらみきった硬直棒を突き出して命令します。

興奮している私に、それを断る理由はありません。

すでに先っぽから先走り液が滴る彼の突起物の根元をつかみ、口の奥へと滑らせます。

「あああ……」

彼が低く呻《うめ》きます。

舌をからませると、しょっぱいような苦いような複雑な味が口いっぱいにひろがり、握りしめている手には、彼のオチ×チンのドクッドクッと脈打つ音が伝わってきます。

唇をすぼめて亀頭部分を刺激してあげます。

「う、そこ、そこっ」

彼が歓喜の声をあげます。

彼のオチ×チンはやや右方向に湾曲していて、けっこうな太さがあります。それが口の中でさらにふくらみ、根元までもカチカチで、いまにも爆発しそうです。

彼が私のパンティーの中に手を入れて、濡れ具合を確かめます。

濡れていなければ、クリトリスを刺激するのですが、ここはトイレで、しかも勤務中。時間がないので、彼は指に唾をつけて、私の股間を強制的に濡らします。

それからパンティーをむしり取り、バックからお尻を抱きかかえて入口にあてがい、ヌルリと貫いてきます。

膣の中はパンパンにふくらみ、窮屈な感じ。そして次の瞬間、上半身をトイレの壁に押しつけられて、合体した部分をこすられます。

しかも腰を使いながら、親指でクリトリスを刺激してくるのです。

「気持ちいいっ……」

思わず、声が出てしまいます。

頭を下げ、自分の股間をのぞきこみますと、勃起が抜き挿しされるたびに、愛液でテカテカと光っているのが見えます。

「ああ、なんて気持ちいいんだ。おまえのオマ×コはサイコーだよ」

彼は徐々に腰の動きを速めてゆき、射精の瞬間は急いで抜き出し、私のお尻に勢いよく精液を放出します。

「ああ、ああ……」

彼は私の身体から離れると、

「夜、もう一回、したいな。また、ね！」

屈託のない笑顔でそう言い残し、急いでトイレから出ていきます。

私はお尻と脚を濡らしている精液をトイレットペーパーできれいに拭ってから、なにごともなかったような顔で仕事に戻ります。

正直、会社のトイレですから、誰が入ってくるかわかりませんし、敏感な人なら精液の残り香に気づくかもしれません。

そんなスリリングさがゆがんだ興奮を呼び起こすのでしょうか、いつしか私も、トイレでのセックスが楽しみになっていたのです。

セックスするようになり、半年が過ぎたころ、そういえば、彼の部屋に行ったことがないことに気がつきました。

「今度、行ってみたいな」

と言ってみると、

「でも、掃除してないし汚いから、来ないほうがいいよ」

と言うのです。

このとき、言いかたや態度からなんかヘンだなとは思ったのですが、それならそれでいいやと思いました。

彼が風邪で休んだ日。なにか作ってあげようと買い物をして、彼の部屋を訪ねました。以前、会社で彼の書類を見つけ、住所をメモっておいたのが役に立ったのです。

ところが、彼の部屋の表札に女性の名前が書かれていました。一瞬、どういうことかがわからず、迷いましたが、とりあえず、チャイムを鳴らしました。

しばらく待つと、彼がドアを開け、私を見ると驚いたような顔をしたのです。

「風邪、大丈夫？　差し入れ、持ってきたよ」

「ああ、もう熱も下がったから、大丈夫」

「この女性って誰なの？」

「ああ、それは妹だよ」

「あ、妹さんと住んでいたんだ。知らなかったわ」

中をちょっとのぞくと、きれいに片づいた部屋がちらりと見えました。しかし、彼は部屋の中へは入れてくれなかったのです。

「もう少し寝れば大丈夫だから、おまえに移したら悪いし」

そう言うので、そのまま帰ることにしました。ところが、そこへちょうど女性が現れたのでした。

彼女も買い物をしてきたようで、下げた袋から野菜や果物が顔をのぞかせています。

「あ、会社の同僚の鈴木《すずき》さん。見舞いに来てくれたんだ」

「まあ、ありがとうございます！　へえ、ツトムって案外人気があるのね」

このやりとりから、どうも妹ではないなと感じましたが、そのまま帰宅。

数日後、彼がいつものように部屋に現れたので
「妹じゃないのね？」

と問いつめたのです。すると、

「オレたち、もううまくいってなくて。そんなときにおまえと出会ったからさ、毎日、別れる話ばっかで家にいたくなくてさ」

そう言いながら、いつものように私の身体を求めてくるのです。

「ここ数日、たまってるから、出したいんだ」

彼に押し倒され、パンティーの中に手を入れられてしまいました。

敏感なクリトリスをつままれると、もう抵抗はできません。二股男とは別れるべき

と頭では考えていても、身体が言うことを聞かないのです。

彼に触られ、舐められると、身体からは力がどんどんと抜けていき、感じてきてしまうのです。

いつの間にか、私の身体は「感じる」ことを覚えてしまったようで、彼にオチ×チンを入れられると大喜びし、そして何度も痙攣《けいれん》を起こすのです。

この日の愛撫《あいぶ》はいつもより短く、すぐに挿入されてしまいました。でも、このオチ×チンがほかの人との共有物かと思うと許せない気もしますが、でも、いまは私だけのものです。

腰を使ってあげると、

「すげえ、締まる。気持ちいいよ、おまえのオマ×コはさあ。今日はいっぱいしようよ。朝までしてさ、めっちゃ気持ちよくさせてやるよ」

耳もとで囁《ささや》いてきます。

彼にいやらしいことを言われると悦《よろこ》んでしまう私は、彼以上にいやらしいのかもしれません。

「ああ、あぁぁ、あぁ……」

硬直したオチ×チンが深く突き刺さるたびに、身体の奥から自然と声が出てしまいます。

「すんごくいい、おまえのオマ×コは……ああ、オレ、もう、我慢できない。一回、出してもいい？」

そう言いながら、彼は大きく呻き、私の胸の上に白い粘液をまき散らしました。

ふうとため息をつき、私の隣に寝転がります。そしてひと息つくと、

「今日はしたくて、たまんなくて、あっという間にイッちゃったよ。ちょっと休憩したら、気持ちよくさせてやるからね」

手を伸ばして、クリトリスを中指と人さし指で触り出したのです。

「あああ……あ、気持ちいいっ」

私はその気持ちよさに、ふたたび身をよじってしまいます。

「そうだろ、そうだろ。じゃあ、これは？」

彼は起きあがり、私の太ももの間に頭を埋《うず》めました。

舌先でクリをツンツンされると、また声が出てしまうのです。ベロンと舐められても、またまた声が出ます。

「ああん、ああん……」

彼の口の中でクリが吸われ、引っぱられると、痛いような、気持ちいいような、妙な気分になってきます。大きな波が現れ、そしてその波に身体全体が呑《の》まれてゆくのです。

フィギュアの女

神奈川県・会社員・五十六歳

ああ、もしできることなら、この子をガラスケースに飾って、一日中ただ、じっと眺めていたい……。

その女の子がアルバイトの面接に来たとき、担当の私は心の底からそう思った。恥ずかしながら、私はこの歳《とし》で、美少女系アニメのフィギュアを収集するのが趣味なのだが、彼女を見たとき、まるで生きたフィギュアではないかと、歓喜にあふれかえった。

美少女という表現が陳腐に思えるほど、言いようがない輝きを持ったその顔には、化粧っけがなく、長くサラサラの髪は漆黒で光沢があり、瞳は大きく、潤んでいて、頬が桃色に光っている。

二十二歳という履歴書の文字が信じられないくらい幼くて、例えようがないくらいに愛くるしい。

うちの会社は、世界中からさまざまな小物の雑貨を輸入し、販売しているのだが、ベルトコンベヤーから流れてくる品物をナンバー別に仕分けるというのが仕事である。

欠員が出たために募集をかけたところ、すぐに応募してきたのがこの仁賀木《にがき》まみさんだった。にがきという変わった苗字《みようじ》は九州の一部地域に多いらしく、彼女もそこの出身らしい。

「以前、大学の先輩がここで働いていたことがあって、時給もいいし、清潔だし、みんないい人ばかりだって聞いてたんで応募しました」

小柄な体には似合わぬ、ややかすれた声が耳に心地よい。すでに就職は決まっているらしく、大学卒業までの半年間、週三日ほどアルバイトをしたいという。もちろん、その場で採用した。

教育係をベテラン主婦の従業員に頼んだのだが、不安げな表情でよちよちとついてまわるその姿がいじらしくて、つい抱きしめたくなってしまう。

その笑顔、かわいらしいしぐさ、ハスキーな声。そのどれもが私のハートのド真ん中に突き刺さり、胸を熱くさせた。

勤続三十年。まったくなんの面白味もなかったこの職場が、この歳になってはじめて楽しく感じられる。

そんなある日のこと、三時の休みに休憩室にいたところ、彼女がやってきて、私の隣に座った。

一瞬ドキッとしたが、彼女は気にも留めず、スマホを取り出し、いじりはじめた。

チラッとのぞき見をすると、なんとそこには、私が大好きなキャラクターの衣装を着た彼女が映っていたのである。

「あれっ、もしかして……コスプレーヤーなの？」

「えっ、ああ、これ？　はい、いろんな格好するのが好きなんですよぉ」

お互い好きなアニメやキャラクターの話で盛りあがったのだが、彼女との距離が一気に縮まったようで、ムチャクチャうれしかった。

以来、休み時間になると、ふたりでよくアニメの話をした。しかし、だんだんとそれだけでは物足りなくなってくる。

「ねぇ、よかったら、今度さ、僕にもコスプレ写真、撮らせてよ」

「ええっ、個人的にですかぁ。うう、どうしようかなぁ？」

「お願い。モデル代、少しは出すからさぁ」

最初は渋っていたが、やはりコスプレを人に見てもらいたいという欲望もあるのだろう、なんとかオーケーをもらった。

日曜日。待ち合わせ場所の都内の公園に行くと、大きな荷物を抱えた彼女がすでに来て、待っていた。

「とりあえず三人分用意してきたんですけど、なにからいきます？」

多目的トイレの中で、バンドをやっている女子高生のアニメのキャラに変身してきてもらい、撮影を開始する。高校のとき、写真部にいたので、カメラだけはいいものを持っているのだ。

次は、私が大好きなアニメキャラに扮してもらったのだが、呆然《ぼうぜん》としてしまった。あまりにも似ていたからである。

「すごい。まるでテレビの中から抜け出してきたようだよ」

胸もとが大きく開いた赤い服で、超ミニスカートにピンクと白の柄のニーソックス。いわゆる「絶対領域」という部分の太ももの白さがまぶしく感じる。

私は無我夢中で撮りまくった。

最後は格闘系ゲームの女性戦士に変わってもらい、アクションシーンを撮影していたのだが、ふと気がつくと、それまで遠巻きに見ていた通行人たちが、ぞくぞくと集まってきて、勝手に写真を撮りはじめたのである。

「ね、こっち向いてよぉ」

「あのさぁ、もっと足上げてくれない？」

それればかりか、ずうずうしくも注文までつけはじめたのだ。

彼女もたくさんの人に囲まれ、注目されていることがまんざらでもないらしく、言われるままに次々とポーズを決めている。

私も最初は気にしないようにしていたのだが、そのうちだんだんと腹がたってきた。

彼女は僕の女なのだ。てめぇら、勝手に写真撮ってんじゃねぇよ！

私は彼女の腕をつかむと、観客から引きはがすようにしてその場から離れ、近くのファミレスに入った。

「いやあ、撮っててすごく興奮しちゃったよ。まるで本物みたいだもん」

「あたしのほうこそ興奮しちゃってます。なんか、当人たちが乗り移っちゃったみたいで」

食事をしながら、しばらくそのアニメやキャラクターのことをしゃべっていたのだが、とつぜん彼女はさみしそうな顔になり、ふうっと深いため息をついた。

「今日は、いい思い出になりました。本当にありがとうございます。来年卒業したら、九州に帰って就職するし、社会人になったら、もうこんなことはできなくなりますものね」

「ええっ、趣味として続ければいいジャン」

「でも、もう来年は二十三ですよぉ。あたしもいつまでも若くはないし」

二十三で歳というのなら、いまの私はいったいなんだというのか。

しばらく俯《うつむ》いてだまっていた彼女だったが、そのままの姿勢でボソッとつぶやいた。

「あの……せっかくだから、あたしのヌードを撮ってもらえませんか。いまの、この体を記録しておきたいって、最近ずっと思っていたんです」

青天の霹靂《へきれき》というのはきっとこういうことなのだろう。心臓がとつぜん爆発してしまいそうな、強烈で衝撃的なセリフだった。

コスプレだけでなく、裸を見たいというのは隠しようがない願望だったのだが、しかしまた、ぜったいにかなうことはない願望だったはずだから。

「このあいだ、高校の卒業式のときに撮ったビデオをたまたま観《み》たんですけど、あれからたったの四年しか経《た》ってないのに、あきらかに肌の感じが違うんですよ。男の人にはわかんないのかもしれないけど、なんかもう、あの肌に戻ることはないのかなって。あたしもこれからどんどん歳とっちゃうのかなって……」

私から見れば、いまのこの白い肌は張りも輝きもあり、美しすぎるほどなのだが、男と女とでは歳における感覚は違うものなのだろう。

私はゴクリと唾を飲みこみ、冷静さを装いながら笑顔を作った。

「僕でよければ、ぜひ。どんなにきれいな花だって確実に枯れてしおれるけど、写真ならいつまでも美しいままだもんね」

キザな言葉がつい出てしまい、我ながら恥ずかしくなったが、せっかく撮るのなら、下着の跡がついているのは興ざめだし、風呂に入ってきれいにしてからのほうがいい。後日、日をあらためて撮影をすることにした。

次の日曜日、朝からレンタカーを飛ばして千葉方面に向かった。日帰りで休めるひなびた温泉旅館をネットで探して予約していたのだ。ちなみに、妻には研修とうそをついてある。

跡がつかないように、前の晩からノーパンノーブラで過ごし、当日も腕時計や飾り物もしないで来るようにとお願いしていたのだが、そのノーパンの彼女が助手席に座っているのかと思うと、心臓が張りさけんばかりに興奮し、下半身が熱くなってくる。

荷物を降ろすと、さっそく近くの海岸に行き、スナップふうの写真を撮る。

白いワンピースに麦わら帽子。砂の上を裸足で歩く姿は、まるでグラビアアイドルそのものだ。ときおりいたずらな風が吹くと、キャーキャーと言ってはしゃいでいる。下着をつけていない下半身が露《あらわ》になり、黒い陰毛がチラリとのぞく。

私は感情を抑えるのに必死だった。

新鮮な山や海の幸を使った豪華な昼食をいただいたあと、本格的な撮影に入った。

「じゃあ、まずはお風呂のシーンから撮ろうか」

そう言うと、彼女は少し顔を赤らめ、だまったまますっとワンピースを脱ぎ、全裸になった。

真っ白で肌理《きめ》の細かいその肌は、ホクロやシミやくすみなどただひとつもなく、まるで絹織物のように美しい。

胸はそう大きくはないが、腰がくびれ、太もものふくらみがまぶしく見える。そして、幼い体形と黒々とした陰毛の卑猥《ひわい》さ。そのギャップに、欲望があおられる。

離れにあるこの部屋には露天の家族風呂がついているので、ふたりっきりで安心して撮影ができる。

檜《ひのき》の湯船に浸《つ》かり、ほんのりと赤く染まった彼女は、本当にかわいかった。湯からあがると、そのまま庭へ出てもらい、撮影を続けた。木々の梢《こずえ》を通り抜けた日の光が彼女を照らすと、細かいうぶ毛がキラキラときらめき、まるで光の粒子に包まれた天使のように見える。

そう、彼女は天使なのだ。さみしい中年男に生きる力、あるいはひとときの安らぎを与えてくれる、文字どおりの天使なのだ。

私は必死にシャッターを切りつづけた。

「撮りきったよ。完全燃焼だ。我ながら、いい写真が撮れたと思う」

私は庭石にへたりこみながら、そう言った。満足だった。彼女の現在を残しておきたい。その美しさ、かわいらしさを切り取り、永遠のものにしたい。いつの間にか集中して、本気でのめりこんでいたのである。

すると、彼女もなにかしらの感動があったのか、少し涙ぐんだ顔になり、

「ありがとう。ねぇ、いっしょにお風呂に入ろ」

と、私の手を取った。

ふたりで並んで湯船に浸かっている。これはきっと夢なのだろう、そうとしか思えなかった。

「なんかあたし、女優さんになったみたいに思えてきて楽しかったです。本当にありがとうございました」

「い、いやぁ、僕のほうこそ……」

ファインダー越しだと大丈夫だった裸身も、いまこうして目の前にすると、恥ずかしくてまぶしくて、まともには見られない。

湯の中の私のモノはとっくに硬くそそり勃《た》っていた。悟られないようにと必死に手で隠していたのだが、バレバレだったのだろう。彼女はニヤニヤと笑っている。そして、こちらに向きなおって口にした。

「あたし、ぜんぜんそんなつもりじゃなかったんですけど、なんだかさっきからずっと興奮しちゃってて。なんか変な気分……」

私に軽くキスをすると、立ちあがるように促した。
覚悟を決めて、檜の板張りの風呂の縁に腰かけると、激しく勃起し、ビクンビクンと脈を打っている陰茎が現れた。すると、なんと彼女がそれをそっと口に含んでくれたのである。

「う、うぅっ」

ヌメヌメと動く舌の刺激がたまらない快感を呼ぶ。鼓動がだんだんと激しくなってくるのがわかった。

社員がアルバイトの若い女性に手を出すなんて、あってはならないことだし、私には妻も子供もいる。

しかし、さすがに私ももう自分を抑えることができなくなっていた。

私は彼女を床に横たえ、黒々と密集している陰毛をかき分けると、赤い亀裂に舌を挿しこんだ。

「ああっ、そこは……」

陰唇にからみつくようにして、ねっとりとした愛液があふれている。

甘い。まるで、私に生きるエネルギーを与えてくれる不老不死の高価な薬のようだ。

このままずっと舐《な》め、吸いつづけたいと思った。

包皮から飛び出している小さな豆を舌先でやさしく舐めてやると、快感をもっと堪《たん》能《のう》したいのか、自ら太ももを持ちあげ、大きく脚を開いた。

「も、もう我慢できません。早く入れてっ」

彼女は起きあがり、風呂の縁に手をつくと愛らしいお尻を突き出した。

私はその肉を押しひろげ、先ほどよりももっと硬くなっている赤黒い切っ先で一気に貫いていった。

「本当にありがとうございました。これ、一生の宝物にします」

翌年の三月。彼女はバイトを辞め、私がパソコンを駆使して作った写真集を胸に抱き、九州に帰っていったが、こちらこそ感謝したいくらいだった。

30 のぞかれる快感

東京都・会社員・五十一歳

　某商社の中堅営業マンだったころ、私は新卒で入社した二十三歳の優美《ゆみ》と、その冬に関係を持った。お互いに好意を持っていたので、自然のなりゆきでそうなったのである。

　ただ、優美にはすでに本命の恋人がいたし、私もそのことは知っていた。会社の人間に知られないよう、逢瀬《おうせ》を重ねていたので、密会はもっぱら車の中が多かった。

　その日も、私の軽自動車の助手席に彼女はいた。白のブラウスに黒のスカート。営業員の定番の姿である。

　寒い時期だが、暖房で車内は暖かい。彼女のブラウスの下に淡いブルーのブラが透けて見えている。

張りのある乳房と、くびれた腰から出るお尻のラインが生唾ものだった。

「彼氏とは会ってるの？」

「今週末に会うけど」

「そろそろ、どっちかに絞ったら」

「選べない」

体の関係を持って一カ月以上が過ぎていた。彼氏を捨てろと言ったことはないが、折に触れて、私を選べと暗に催促していた。

「友達の彩花《あやか》に相談したら、彼よりも、年上のあなたのほうが包容力あって、いいでしょって。同じ年だと、頼りないんじゃないかって……」

「そっか、友達はそう言ってたんだ」

「でも彼女、年上が好きだから……確かに彼は頼りないけど、なんか私、そういう人、ほおっておけないんだよね」

「まあ、急がないでもいいけど、悩んでる優美を見てると、つらいからさ」

彼女の右手を引きよせ、背中に腕をまわし、軽くさすってやると、ふいに私の脇腹をくすぐってきた。

「おいおい、もう、それ癖になってんだろ」

くすぐったがりという私の弱点を、よく使ってくるのだ。いたずらっ子の優美がかわいい。

彼女が置いた手のひらの感触と、わざと私の耳に吹きかけてくるかすかな息が、否《いや》が応にも下半身を反応させる。

「そういうことすると、おしおきだぞ」

優美の両肩を押してドアぎわまで追いつめ、ブラウスの上から右のおっぱいを、くにゅっとこねた。

「あん、だめったら」

眉間にしわを寄せ、私の腕をつかむ。

乳房の根元をぎゅっと握ると、Cカップが盛りあがった。そのとがり出た先っぽをブラウス越しに指でつまんでやる。

「あぁん……」

優美が体をくねらせる。

「ブラウス、脱いじゃおうか？」

「やだ」

彼女がへの字顔をする。

「優美、かわいい」

ちゅっと頬にキス。そのまま首すじにも口づけし、強く胸を揉《も》んだ。

「あん、だめだって……」

ボタンをはずし、スカートの中から、しゅしゅっとブラウスの裾を引っぱりあげた。

淡いブルーのブラが現れる。

強く抱きよせ、うしろのホックをぷっとはずした。ぽろりと白桃がこぼれ出る。

「やん、もう……」

優美があわてて乳房を両手で隠す。

そのとき、外から「わあわあ」というかわいい声が聞こえてきた。

平日の午後三時。公園のそばに車を止め、私たちはこんな淫らな醜態をさらしていたのだ。

「ちょうど、小学生が帰宅する時間だな」

集団下校中の一群は、男女混合で向こうから歩いてくる。

私が外に目を奪われているすきに、彼女は身支度を整えてしまった。

「優美、ずるいよ」

「なに言ってるんですか。のぞかれたらどうすんの。もうおしまい」

こちらに目をやることなく、小学生の集団は通りすぎていった。

ふたたび彼女を抱きしめる。

「ちょっと、離して。また誰かが通るから」

見られるかもしれないというスリルが私の興奮をあおった。無言で、彼女の右足を自分の左足に乗せる。

「なにすんの？」

抵抗する彼女の肩を押し、倒した助手席に仰向けにさせた。

「だめだってば、見られちゃうから」

スカートを腰まで、しゅるしゅるとまくりあげる。優美は、それを必死に引き下げようとする。

おかまいなしに指をショーツ内に侵入させ、そっと秘裂をなであげた。

優美の体がびくっとする。

「気持ちいい？」

そう訊《き》いたが、彼女は無言のまま頭を横に振り、いやいやをする。

「ここ、ぜったい濡れてるよ」

「そんなことない」

「確かめてみよう」

ショーツに手をかけた。

「やん、だめ、そんなの。恥ずかしいよ、外が明るいし」

そんなやりとりのうちにも、少しずつショーツをずらしていった。優美も抵抗は見せるものの、体に力が入らなくなっている。

淡いブルーのショーツが、まくれあがったスカートの裾から現れ、膝まで移動する。

ショーツから手を離し、中指であそこを探った。

くちゅ。

「ひっ」

彼女は自分の口もとを右手で隠した。

「はん、あん」

私の手をぎゅっとかんで、彼女は声を抑え、体をひねって執拗《しつよう》な愛撫《あいぶ》から逃れようとする。

「優美、こっち来て、俺の上にまたがって」

「やだ、恥ずかしぃ」

優美の腰を抱え、運転席の私と対面するように移動させる。

もう、と言いながらも、彼女がまたがってくる。

狭い車内である。強引にすれば、ねらった体勢にするのはたやすい。

視界の正面に、優美のあそこが入る。

その刹那、私は彼女の胸に自分の顔を埋《うず》め、腰に腕をまわしてがっちりロックした。

彼女の向こうに、じっとこちらを見ているひとりのおじさんが視界に入ったからだ。

「優美」

「ん？」

「オチ×チン、入れたい」

「は？　なに言ってんの。だめに決まってるでしょ」

私はすぐさま自分のズボンのベルトをはずし、ジッパーを下ろした。

「ちょっと、待って、待ってよ。ぜったいにいやよ」

ぽろんと出た肉茎は硬く屹立《きつりつ》している。左手で下から優美の秘所を探ると、すでに洪水だった。

「すごい濡れてるぞ」

彼女はそれには答えず、腰を横にずらし、指の攻撃から必死に逃げようとしている。

「お願いだよ。外からじゃ、わからないから」

運転席で向かい合わせの男女が、服を着ているとはいえ、上下前後に動いていたら、セックスしている最中だと気づかれるだろう。我ながら、ひどい詭弁《きべん》だ。

右手で腰をつかみ、彼女がずらした方向へ左手で先端部分を誘導して秘部にあてがうと、ちゅるっと吸いこまれた。

「あっ、だめ、入っちゃうぅ」

そのまま、優美の腰を深く沈めてやる。

ぐちゅっ。

「あぁん」

彼女は身体を倒すと、私の首にしがみついた。

中はあったかかった。侵入に抗《あらが》う、ものすごい襞《ひだ》の締めつけを感じる。

「入っちゃったよ。気持ちいい、はぁ」

膣は男根を咥《くわ》えこんだまま、うにうにと動いて射精を誘ってくる。

無理に引き抜いたら、マグマの放出を耐えることができないだろう。挿入したまま、

腰を前後にこするように動かした。

「なんか、おじさんが見てる」

優美の耳もとで囁《ささや》いた。

「え、ええっ？」

彼女が目をまるくした。

「さっきから、優美の肩越しにおじさんがずっと見てる、こっちを」

「あぁん、だめっ」

キュッと、優美のあそこが締まった。

うわっ、まずい。すぐに射精してしまいそうだ。

いや、まずいことなんかない。こんなに気持ちいいんだから、身を任せるだけだ。

優美が腰を上げて引き抜こうとするが、私はがっちりと手で押さえる。

「いやいや、やっ」

私の胸を両手で押さえて、彼女がつっぱる。

「だめだよ、優美。抜かせない」

「恥ずかしい。ねっ、お願い」

彼女は半泣きだ。

「おじさん、まだ見てる。あっ、おじさんの前が、ふくらんできた」

「うそっ、ぜったいうそ」

「おじさんが、手で自分の前をいじってる」

「あっ、ひっ」

優美はお腹《なか》をへこませ、身体をくの字にした。がっちりと横腹をつかんで逃げられないようにしながら、前後に揺すったのだ。

「あのおじさん、優美のおっぱいを自分がしゃぶってるの想像してるよ。だって、口もぐもぐさせてる」

「やだ、だめって、はぅっ」

「おじさん、スウェット着てるから、股間がビンビンに盛りあがってるのがわかる。優美の中に入れたいみたい」

「やだやだ」

彼女は、お腹を波打たせながら、いやらしい物言いに耐える。

「あ、おじさん、近寄ってくる」

「はん、だめっ、やっ、抜いて」

「だめ、抜かない。俺もイクっ」

腰をつかんでいる手を上下に軽く揺すって、自分の限界を確かめてみた。カリ首の窪《くぼ》みまで、肉襞がからみつく。

「いやぁん、来ちゃう。早くっ、抜いて」

哀願する彼女を尻目に、前後に激しく揺する。

「あっ、だめ、くっ」

「優美、もう、おじさんが来るのと同時に俺もイクよ。あ、おじさんが来る」

「あぁ……」

優美は観念したように、私の頭に胸をくっつけた。少しでも恥ずかしさを和らげたいのだろう。

「あぁ、もうだめ。見られちゃう、はあん」

彼女のお尻を正面から抱えて、咥えこまれた男根を強引に膣の奥深くに、ぐいっと挿し入れた。ものすごい快感が、腰の中央部から駆けあがってきた。そのまま彼女の中に、濃い液体を放ってゆく。

ふたりでしばらく茫然《ぼうぜん》としていたが、気づいたらおじさんの姿は影も形もなくなっていた。

まもなく彼女はほかの営業マンづきとなってしまい、けっきょく私ではなく彼を選んで結婚してしまった。

クモの巣談議から——東京都・会社員・五十三歳

世は空前のマラソンブーム。都内では土日に限らず、平日の早朝や夕方には、ウェアをまとったランナーを目にする。

私は職場でマラソン愛好家グループの取りまとめ役をしていて、仲間とは「フライデーラン」と銘打った練習会を行っている。金曜の仕事が終わると、職場近くのランステ（ランニングステーション）に集まり、仲間とランニングのあと、居酒屋で一杯やるのである。

十月のある金曜日、仕事が終わるといつものようにランステに集まった。この日は、男性が六人、女性が五人。年齢構成は、男性はまちまちだが、女性は三十代半ばの人たちばかりだ。

その中に、今日は新顔がひとりいた。私の隣の部署の女子職員のラン仲間で、名前は佳奈《かな》。三十代半ばの既婚者で、マラソン歴五年。ハーフマラソンや三十キロの市民マラソン大会に参加しているという。

着がえを済ませ、ランステの前で輪になり、幹事の私が、

「今日もがんばりましょう」

と挨拶し、新顔の佳奈さんが来ていることをメンバーに告げると、

「新参者の野崎《のざき》佳奈といいます。よろしくお願いします！」

自己紹介し、彼女は輪になったひとりひとりとハイタッチを交わす。見かけ同様、明るい性格らしい。

ハーフを思わせる彫りの深い顔立ちと長いまつげ、そして整った鼻すじ。ときおり、右頬に浮かぶエクボが彼女のチャームポイントだ。

皇居近くの広場へ移動し、ちょっとしたストレッチをみんなで行ったあと、走りはじめた。

沈む夕日、風に揺れる木々、行きかう車、余裕のある間は、こんな光景とおしゃべりも楽しみつつ、ランニングする。

左腕につけているランニングウォッチが一キロごとにブルブル震え、距離とキロあたりのペースを教えてくれる。

「いま、三キロです。キロ六分ペースです」

表示を見ながら、仲間に伝える。

「もうちょっと、ペースをあげませんか」

佳奈はそう提案すると、

「では、キロ五分三十秒ペースの人、ついてきてください！」

一団から抜け出して、先頭を走りはじめた。

水色のランニングキャップからショートカットにした襟足が見え、市民マラソン大会の参加賞と思われる白いTシャツにブラのラインが浮かんでいる。

下はグレーのジョギングパンツだ。

健康的な白い脚がジョギングパンツを揺らしながら、私の前から少しずつ距離を離してゆく。

そんな彼女につられてあとを追う人、マイペースを続ける人、半々だったが、全員が無事に皇居のまわりを二周走り終え、ランステへ戻った。

シャワーを浴び、着がえてからロビーで落ち合う。全員がそろったところで居酒屋へ移動し、まずは生ビールで乾杯だ。

四人がけのテーブルが三つ。それぞれテーブルで、近くに座った人と、今日の走りはどうだったとか、今年はあの大会に出たいなど、話が弾む。

酒が進むにつれ、座がシャッフルされ、みなジョッキを持って席を変わりはじめたとき、私の隣に初参加の佳奈が現れた。

白いブラウス、赤いチェック柄のスカートがかわいらしい。

「山本《やまもと》さん、お疲れさまです」

席に座り、私の前にジョッキをさし出し、乾杯してきた。

ためらうことなく、笑顔でジョッキを合わせる。

「今日は幹事の任、ありがとうございます。いつも、こうして練習会を企画したり、マラソン大会終了後の飲み会まで設定してくださってたそうですね」

ビールをひと口喉に流しこみ、佳奈が弾んだ声をかけてきた。

間近で見ると、薄く開いた唇から白い歯がまぶしく見え、ランナーズキャップで隠れていたショートカットの髪がきれいだ。

「え、まぁ……好きでやってる、というか、自分のやりたいとおりにやったら、みんながついてきてくれて、こうなったって感じですかね」

ジョッキを傾けながら答える。

「幹事を任されていると、いろんなご苦労もあるんでしょ？」

佳奈は続けて質問してきた。

「そうだね、今日で言えば、みんなを飲み会の店に連れていくじゃない。そのときって、けっこう神経使うよね」

「ええっ、なんでですか？」

「ほら、店に着くまで、こんなに歩くのとか、店に入って、こんな店なのって、みんなが引いてしまったらどうしようとか……」

「そうですよねぇ」

「以前、関東近郊のマラソン大会に出たとき、温泉旅館に泊まりで行ったことがあるんだけど、宿までみんなを案内するときもけっこう気を使ったね。やはり、こんなに歩くのかってブーイングが出たらどうしようとか。あと、部屋に入って、もしクモの巣が張ってたら、どうしようとかね」

「ええっ、そういうのまで気にされてるんですか。クモの巣ねぇ。いまどき、部屋にクモの巣が張ってる宿なんてあるんですかねぇ。クモの巣……ふふふ……」

私の口にした「クモの巣」が、彼女はやたら気にかかったようだ。

「なんていうか、ほら、自分の親に結婚したいと思ってる相手を紹介するときがあるだろ。あのときにも似た緊張感というか、やっぱり肩に力が入るよね」

私のたとえが秀逸だったのか、ウンウンとうなずく佳奈だったが、さっきの「クモの巣」が頭から離れないらしく、ひとりでクスクス笑いながら「クモの巣ねぇ」と呟《つぶや》いている。

「クモの巣がやたらツボにはまったようだけど、クモの巣がどうかしたの？」

「えっ、知りたい？」

「うん、知りたい」

私がそう答えると、佳奈はおかわりの生ビールをゴクッゴクッと喉に流しこみ、目もとをポッと赤らめて、小声でささやいた。

「知りたかったら……この飲み会が終わったら、ふたりでどこか行きましょう」

「えっ」

これには私も驚いたが、佳奈は続けて、

「でも、シーですよ」

そう言い、口の前で人さし指を立てた。

なにか秘めた話があるに違いない。はて、なんだろうと思っているうちに、佳奈は席を立ち、向かいの女性の隣に座ってしゃべりはじめた。

ときおり、顔の前で手をたたいて笑っている。先ほどの「クモの巣」で意味深な顔をしていたときとは別人のように見えた。

やがて、ラストオーダーとなり、みんなが最後のドリンクを楽しむと、私が締めの挨拶をし、店の前で解散となった。

佳奈と目が合った。

すると佳奈は、パチパチと両目をしばたかせたあと、駅のほうへあごをしゃくってサッと先に歩きはじめた。

「タクりましょう」

追いついた私に、佳奈がささやいた。言われるがままに途中でタクシーを拾う。行き先は佳奈が告げ、タクシーが走りはじめる。

「今日はありがとう。初参加だったのに、いろいろと場を盛りあげてくれて、幹事としては助かったよ。でも、どうしてふたりきりになろうと思ったわけ？」

「さっき、クモの巣の話、しましたよね。それでなんとなく……」

「なんとなくって？」

「あたし……クモの巣、張ってます」

「クモの巣が……？」

「じつは半年前からうちのダンナが東南アジアに長期出張しちゃってて。で、クモの巣が張っちゃったんです、あそこに……」

私はつい吹き出しそうになるのをこらえた。

「八月に旦那が休みを取ってこっちに帰ってきて、一週間くらい過ごしたんだけど、そのときも……ひと晩だけで……」

佳奈が寂しそうにつぶやく。

半年ぶりだから期待していたのに、たったひと晩だけしかご主人とセックスできなかったのか……。

ま、人それぞれに悩みがあるんだなと思いながらも口に出さず、佳奈を慰めるべく、

「君にクモの巣張ってるというんだったら、私も同じだよ」

話題を私のほうへ向ける。

「もう長いこと、嫁とはご無沙汰してるし、フーゾクに行く元気もないし」

「うふふ」

佳奈が笑った。

タクシーはどんどん進んでいく。お互いにとって、渡りに船だったようだ。

ホテル街に着いた。


ベッドの端に並んで座り、おもむろに唇を重ねる。佳奈は慣れた手つきで私のシャツのボタンをはずしていき、脱がせた。それから私の前で両膝をつき、ベルトをゆるめ、ズボンを下ろす。私のトランクスが露《あらわ》になった。

「まだ、目覚めてないんですね」

「さっき言ったとおり、僕のもクモの巣がびっちり張ってるから……」

「あはは」

佳奈は笑いながら私のトランクスを引き下ろす。

情けなくも、私のイチモツはダランと下を向いている。すると、佳奈はそのイチモツを口に含んだ。

チュパッ、チュパッ……。

卑猥《ひわい》な音をたてながら、佳奈の頭が上下する。

やがて元気を取り戻した私のイチモツの先っぽにチュッとキスをしてから、佳奈が口を離した。

「どうやら、山本さんのクモの巣は取れたようですね。じゃ、今度は山本さんの番ですよ」

「もちろん」

佳奈のブラウスのボタンをはずし、脱がせると白いブラジャーが目に飛びこんできた。うしろに手をまわし、ホックをはずすと、小ぶりの乳房が現れた。

今度は私が佳奈の乳房に貪りつく。

「ああん」

佳奈の両脚がマリオネットのように力が抜け、倒れこむように、ベッドに仰向けになった。

「どうしたの？」

あまりの急変に驚き、耳もとでささやくと、

「さっき走っているとき、乳首が擦《こす》れちゃって……お願い、やさしくして……」

私は吸うのをやめにして、舐《な》めるだけに徹した。

佳奈の心臓の鼓動を舌の表で感じる。ゆっくりヘビが這《は》うように舌先で胸の谷間を舐め、右の乳首へと舌を移動させてゆく。

スカートに手をかけ、ホックをはずし、引き下ろす。

純白のパンティーとナマ足が現われた。

「恥ずかしい……」

佳奈のパンティーをはぎ取り、枕もとに放ると、両膝の裏側を両肩で抱えて秘部をのぞきこむ。

ちぢれた薄いヘアの真ん中にピョコンとピンク色の突起が見え、その下の裂け目からは透明な液体が滴りそうになっている。

もはや、クモの巣が張ったではなく、潮だまりの中で獲物を待って触手を揺らしているイソギンチャクである。

ヘアの真ん中の突起を鼻でツンツンと突いてから、裂け目に舌を入れた。

「ああん」

佳奈が背中を仰《の》け反らす。

我が愚息も人並みの肉棒に豹変《ひょうへん》している。佳奈の膝を両肩から両肘で持ちあげ、卑猥に触手を揺らすイソギンチャクめがけて突きこんだ。

「うふん……気持ちいい。もっと突いて……」

私の両肩にすがりながら、佳奈が甘え声でささやく。

「ようし」

「あ、でも、中には出さないでくださいね」

「わかってる」

佳奈の両膝を抱えるように持ちあげ、抜き挿しを開始した。

「はあん、はあん」

腰の動きに合わせて、佳奈がヨガリ声をあげはじめた。

グッチュ、グッチュ。

抜き挿しするイチモツの根元に、さっきまで透明だった愛液が白く泡だっているのが見える。そして目の前では、小ぶりな乳房に似合わぬ大きめの乳輪が上下に揺れている。

「もっと、もっと、お願い、欲しい……」

佳奈がシーツをつかんでいた両手を私の背中にまわしてきた。

抜き挿しのピッチをあげてゆく。

限界が近づき、私の頭の中が真っ白になってきた。イチモツを抜き、佳奈のお腹《なか》の上に熱い白濁液をぶちまける。

「はぁはぁ……」

お互いの心臓がバクバクと音をたてているのがわかる。

唇を離し、頬を重ねる。

「ゴール、ですね……」

荒い息といっしょに、佳奈が切れぎれに言った。

「そう……無事に完走……」

「うふふ、また次もいっしょに完走しましょうね」

「皇居の周囲、それともここ?」

私はまだイチモツを呑《の》みこんだままの裂け目を指でつついた。

「あはは、どっちもです」

佳奈が笑った拍子に、無事に役目を終えたイチモツがズルリと抜け落ちた。

以来、私は佳奈とランニングをするたび、ベッドの上でも完走するようにしている。

春先の愉悦

奈良県・会社員・四十七歳

「今年は花粉が飛ぶのが早いわ」

留美《るみ》がグズつく鼻を押さえた。両目も充血し、泣いたような顔になっている。声も明らかにガラガラで苦しそうだ。

「テレビのニュースでも、そう言ってたな。それに風も強かったし」

ふだんは艶やかな留美のセミロングの髪も、強風のせいで乱れている。細面に切れ長の目、いつもであれば一見、気が強そうに見える顔も、今日は元気がない。

入った居酒屋の店内は暖房の効きすぎで、サウナのように暑かった。店員も走りまわっているので汗だくだ。

だが、この店に入る直前は、いまにも雪が降りそうな空模様だった。春先だからか、外と内では、温度差がすごくあった。

「完全武装だな」

壁のハンガーにかかっている留美のコートを見やる。

「うん。家を出るときは、このコートでも寒かったくらいよ」

その年は、三月に入ってから猛烈に花粉が飛び、留美のように花粉症で悩む人が多かったように思う。

「かわいそうだから、今日はなんでも注文して、じゃんじゃん飲んでいいよ。花粉症なんか吹き飛ぶくらいにさ」

「じゃ、遠慮なく」

にこりと笑みを浮かべて、留美はメニューを手に取った。

留美とは、以前働いていた職場で知り合った。同じ会社ではなかったが、職場が同じ階にあり、エレベーターの中で何度も乗り合わせているうちに親しくなった。

途中までは帰る方角がいっしょだったので、地下鉄のホームでも顔を合わせることが多かった。気心が知れるころになると、体の関係を持った。

そのころ、俺は四十二歳。本厄に入ったばかりのうえに、女房子供に逃げられた直後。ちょうど精神的にへこんでいた時期だった。

留美は半年後に四十歳だから、年齢はほとんど俺と変わらない。見かけによらず性格的にたくましい女だったから、俺はそんなところに惹《ひ》かれたのかもしれない。そしてはじめのうちは、容貌だけではなく、すべてのことに自信を持っているように見えた。

一方、俺は内向的で、いつも人目を避けて歩くような性格だ。たとえて言うなら、太陽と月。対照的なふたりが互いに惹かれ合う理由は、自分でもよくわからない。

留美はジョッキを早いペースで空けている。表情も怪しくなってきた。

「そんなに飲んでも、大丈夫か……」

「平気、平気。それに、今日はやけくそなのよ」

同僚と喧嘩《けんか》をしたというのである。頭の悪そうな女の子が半年前に入ってきたそうだが、そいつの態度がでかいらしい。

「私のお客に接するときの声がひどいと、上司に言いつけたのよ。そしたら、昼であがってもいいなんて言われちゃって」

俺は相槌《あいづち》を打つだけにした。こんなときに口を挟んだりしたら、彼女は手をつけられなくなる。

留美はコールセンターで、オペレータをしている。ふだんはすごくいい声だが、確かにいまの声は、仕事向きではないだろう。

俺が言いたいことを察したのか、留美がグチった。

「ふだんと比べると、確かに調子は出ないけどさ、それでもあんな子たちなんか、目じゃないわよ。あなたも、そう思うでしょ」

俺はうなずくしかなかった。

「私の声には誰もが参る。ま、あなたも、そのひとりだけどね」

留美はニヤッと笑って、俺に頬を寄せた。

いつもより、ひどく酔っているようだ。

「そろそろ出ようか」

支払を済ませて、居酒屋を出た。

「酔いを醒《さ》ましましょうよ」

裏通りへ入ると、誰もいない小さな公園がある。留美はブランコに乗った。俺もその横に乗って揺られた。

空はすみきっていて、真冬の空である。銀色の三日月はとがっていて、とても春が来たとは思えない。

彼女と指をからめたが、お互いに冷えきっている。

「外へ出ると、やっぱり寒い。けど、ご馳走《ちそう》を食べて、たくさん飲んだから、元気になったわ」

公園の外灯が、いくぶん温かみを俺たちに与える。

「ほら、こうしたら、きれいでしょう」

留美はコートの腕をまくりあげて、空に向けた。手首にはめているシルバーのブレスレットが、月の光を浴びて輝いた。

「私って、運が悪いのかな。学校を卒業してからは、ぜんぜんうまくいってない」

ふだんは自信に満ちている留美だが、珍しく表情をくもらせている。

留美は子供のころから、テレビに出ることが夢だった。高校生のころから女優をめざし、演劇部に入部。大学時代は劇団に所属したようだが、夢の実現には至らなかった。そして、この年齢になって、劇団じこみのきれいな声をいかせる仕事は、コールセンターくらいだった。

「もっと早めに転身しておけばよかったかな」

「過去のことを言っても、時間は巻き戻せないよ。いまを楽しめばいいじゃないか」

「それもそうね」

留美の腕を取り、立ちあがる。

ホテルへチェックインしても、留美はいまひとつ気乗りしないようだった。

明日はふたりとも休みだから、もっと浮かれてもよさそうなはずなのに、酔いが醒めると同時に、留美は憂鬱そうな表情になった。

「元気づけに、こんなものはどうかな」

俺はアダルトサイトのスイッチを入れた。

なまめかしい女の喘《あえ》ぎ声と、からみ合う男と女のシーンが流れた。

「そんなの消してよ。鬱陶しいだけだわ」

不用意にビデオをつけたことを、俺は後悔した。留美はよほどのときでない限り、そういう類《たぐい》のものを見ようとはしない。

セックス自体はのめりこむときも多いのに、気分によっては、それすら毛嫌いするときもある。男にとって、扱いの難しいタイプの女だと思う。

「もう少し飲もうよ」

そう言いながら、留美がコートを脱いだ。ブラウス越しに豊かな胸が息づいている。

エアコンの効いた小さな部屋は、すでに息苦しいほどの暑さになっていた。

俺は冷蔵庫から、コーラを取り出した。

「飲みすぎだろう。アルコールはもうやめたら」

「歩いたら喉が渇いちゃった。まだ、大丈夫」

留美はコーラを冷蔵庫にしまい、ビールの缶を取り出した。そして、それをひと息に飲みほすと、

「もうだめ」

俺を完全に無視してベッドまでよろよろと歩き、横になったとたんに爆睡した。

彼女のいびきが、部屋中に響いている。壁を突き抜けて、たぶん隣室にも聞こえているはずだ。

目を閉じた彼女の顔を見ると、微笑《ほほえ》んでいる。衣服をすべて脱がせてしまいたかったが、そんな気分はどこかへ吹き飛んでしまった。

激しいいびきの音と、留美の素晴らしいプロポーションとの落差が、俺の劣情を急

速に醒ましたのである。

エキゾチックに見える高い鼻から、鼻水が流れていた。アレルギーは、本人には深刻な問題だから笑ってはいけないが、はたから見れば、滑稽に見えるのはどうしようもない。

俺がひとりでシャワーを浴びて戻っても、留美の爆睡は相変わらず続いていた。口のはしからは、涎《よだれ》まで流している。

よほど疲れていたのだろうと、彼女が気の毒になった。

彼女の鼻水と涎を拭いてやり、あきらめて自分も眠ることにした。明日の朝は思う存分楽しむぞと、自分に言い聞かせて……。

三時間も経《た》たないうちに、真夜中の寒さで目が覚めてしまった。さっきのいびきは終わっていた。

そのとき、よく通る声が薄闇の中に響いた。

「あなたには、私のすべてを捧げました。それなのに、私を捨てて、どこへ行ってしまうのですか」

留美の寝言だった。ひどく芝居がかっている。枕もとの明かりをつけ、顔をのぞくと、やはり眠っている。

女優をめざして劇団に所属していた当時のことが、夢に甦《よみがえ》ったのだろう。留美は続けて何度か意味不明な寝言をつぶやいた。

しばらく様子を見ていたが、寝乱れた留美の姿に、今度は俺の理性が怪しくなってきた。いたずらをしてみたくなったのである。

留美はこの部屋へ入ったままの身なりである。コートはロッカーへ俺が入れたが、その下のおそろいの黒いスーツの上着はベッドの上に脱いだまま、その下に薄いブラウスを着ている。

留美は夢の中の舞台で、激しい濡れ場を演じている。男にすがりついている場面である。

邪魔になる髪をかきあげ、彼女の耳の穴にそっと息を吹きこんでみた。

その瞬間、留美は体を縮めた。

「どこへも行かないよ」

その耳へ俺はそっとささやき、彼女の表情を確かめた。体を縮めたまま、留美の頭の中では想念が駆けめぐっているようだったが、もちろんその中身は俺には知るよしもない。

俺は、留美が目を覚まさずに眠った状態で楽しませてくれることを願った。

「ほんと？　うそじゃないわね」

「当たり前だろう」

俺は留美を抱きしめ、キスをした。

催眠術にかかったようないまの留美と、交わりたい欲望が俺を支配した。

一度つけた明かりをふたたび消し、彼女を起こさないようにして、ブラジャーを留美の胸の上まで引きあげた。そして、これ以上は無理なくらいの弱い圧力で、乳首を口に含んだ。

「ううん」

留美はさっきのいびきの続きか、それとも快感の声か、判断のつかないうなり声をあげた。

全裸にして、留美の肢体をじっくり鑑賞したいところだが、そんな暇はない。彼女が目を覚ますまでに、俺は夢の中での恋人役になりきらないといけない。

下半身はスーツのパンツがなかば脱げているので、白っぽいパンティーがかすかに見える。刺激的な眺めだが、明かりを消しているので、見えにくいのが残念だ。

俺はまだブリーフとシャツを身につけているが、下半身はぎんぎんに、いきり立っている。

留美はスーツのパンツを足下にまつわりつかせたまま、腰を俺になすりつけてきた。

何度もくり返すが、俺が彼女の優位に立てるチャンスは、いまを置いてはないのだ。

しばらくして目覚めたら、やたら気の強い留美が戻ってくる。

横向きになって抱き合っていた留美が、俺の上に乗りかかった体勢になった。

そのとたん、彼女の手がベッドの棚に置いてあったブレスレットに触れ、派手な音をたてて床に落ちた。

まずい、と思う間もなく留美は我に返った。リモコンを探しあて、照明をつける。

「どうしたんだろう、私、こんな格好で……」

留美は自分の着衣を確認してから、俺の顔を猜疑心《さいぎしん》に満ちた目で見た。

ブラジャーはまくれあがり、パンツは膝まで下ろした状態になっている。

照明の下で見た留美の半裸は、刺激的すぎた。

「ちょっと待ってよ」

「だめだ。ここまで君がじらしたんだぞ」

俺たちはやっと全裸になり、彼女にいきり立ったペニスを握らせた。

「君の寝言はおもしろかったよ」

「薬のせいで変な夢を見てしまったのかしら」

頰を紅《あか》く染める。

俺は彼女をベッドに押し倒し、視覚による刺激も存分に味わいながら犯した。

二回目は、留美が上になる。俺のあそこが留美の中にすっぽりと納まった。

彼女を感じさせようと、できるだけ奥へねじこんでゆく。

「ああん、気持ちいい。すごく感じる」

俺の腰の上で、留美が体を反らせた。その拍子にうしろ向きのまま倒れそうになる。

酔いがまだ残っているようだ。このままでは留美が危ないと思った。

「なんなら、僕がもう一度上になろうか」

ふたりで激しく揺れながら、留美に尋ねた。

「いやよ。これでいい。こうやっていれば、さっきの夢の中で演じていたお芝居を続けているみたい。とってもいいわあ」

やはり、夢の中で芝居を演じていたようだ。

彼女は自分から太ももを開き、貪婪《どうらん》に俺のものを呑《の》みこもうとする。

俺も今日のところは留美につき合って、下からがんばって突きあげた。

そして留美は大いに乱れ、何回も絶頂を迎えた。もちろん、俺も三回射精することができた。

眠りから覚めると、すでに正午をまわっていた。

「あら、大変。今日は夕方から予定が入っていたのよ。早く服を着てちょうだい。急いで！」

そこには、いつもの調子に戻った留美がいた。

合コンで出会って

――東京都・ピアノ講師・三十一歳

私は音楽教室で非常勤講師としてピアノを教える三十一歳、独身。

ピアノの先生という響きは、清楚《せいそ》で上品な女性をイメージさせるらしい。ところが、私はクラッシックの世界とは無縁で、服装も派手で夜遊びが大好き。そのせいか、見た目で職業を当てられることは一度もなかった。

「ほんと、春菜《はるな》ってピアノの先生には見えないね」

「そうそう、今日も男性陣がびっくりすると思う！」

少しだけ春を感じはじめた三月。大学時代の友人が設定した合コンに参加することになった。

友人が企画する合コンはその場にいるだけで楽しい。二年も彼氏のいない私は、タイプの男性にめぐり会えなくても、日時が合えば積極的に参加していた。

今日は四対四で、全員が同級生。私たちは、ちょっとした同窓会気分を味わえるかもしれないと、心なしか張りきっていた。

「なに、やってる人たちなの？」

「会社員と、あとバーテンだったかな……」

「バーテン……夜は仕事じゃないの？」

「休みらしいよ」

「バーテンはパス！」

絵美《えみ》が苦笑いをしている。大学時代、彼女がバーテンの彼に振りまわされていたことを、私たちはいまでも覚えている。

「ふつうがいいの、ふつうが」

三十路《みそじ》に入ると、男性に求める条件が変わるのは本当らしい。ぎらついていた私の仲間も、口をそろえて外見よりも安定だ、やさしさだと言い出している。

私の知るバーテンたちも、とにかく明るく軽い。友人には最高だが、彼氏としては最低のダメ男ばかりである。

「人数合わせかな？」

「じゃあ、会社員に期待する？」

私たちは勝手な先入観をふくらませながら、約束のレストランへと向かった。

「こんばんは」

店に入ると、男性陣はもう席に着いていた。

「はじめまして」

さりげなく外見をチェックしながら、席に座る。四人とも感じがよい。私たちの席順はいつも決まっているので、私は右端の席にゆっくりと座った。

「じゃあ、自己紹介！」

テンポよく男性陣がまわしはじめた。目の前の男性からはじまり、四人目の男性の番になった。

「橋本祐介《はしもとゆうすけ》です。バーテン、やってます」

私は彼を凝視していた。夜の仕事とは縁もゆかりもなさそうな、穏やかな口調。清潔感あふれる身なり。金髪、ピアスではないのだ。

「祐介君、趣味は？」

「音楽鑑賞かな」

「えっ、春菜と合いそうじゃない。左の彼女、ピアノの先生なの」

いっせいに、私に注目が集まる。

「倉本《くらもと》春菜です。ピアノの講師ですが、好きなジャンルはロックです」

「意外！」

男性陣がうまく場を盛りあげてくれ、私たちはいつも以上に楽しい時間を過ごしていた。

祐介君とは席が離れていてあまり話せないが、女性陣の話をうまく聞いてるように見える。

彼みたいなタイプが、どうして合コンに参加しているのだろう。私はバーテンダーらしくない彼に、興味がわいていた。

ほかの三人は祐介君をねらってはいないようだ。私は二軒目のカラオケで、自然と祐介君の隣に座ることにした。

「どんなバーで働いているの？」

「じいちゃんがやってた喫茶店を、バーとして営業してるんだ」

「えっ、祐介君が店長ってこと？」

「そういうことかな……」

照れくさそうに下を向き、ビールを飲む。

「今日は、お店は休み？」

「定休日だよ。春菜ちゃんは、ピアノの先生だよね？」

「うん」

「どんな先生？」

当たり障りのない話をしながら、私は清涼菓子を食べようと、バッグから化粧ポーチを出す。

「へえ、ＫＩＳＳが好きなんだ？」

メンバー四人の派手なメイク姿が描かれた化粧ポーチだった。

洋服は合コン仕様で控えめだったが、バッグの中の小物までは変えてはいなかった。

「うん、洋楽全般が好きで」

「音楽なしの生活なんて、考えられないよね……」

私たちは歌うこともせず、ただひたすら音楽の話で盛りあがっていた。

「ねぇ、祐介君をお持ち帰りするの？」

　絵美がにやけ顔で私に聞いてくる。

「そんな、タイプじゃないじゃん。音楽の話で盛りあがってるだけだから」

「春菜が肉食系女子だってばらそうか？」

　自分でも珍しいとは思う。下心があるわけでもなく、純粋に彼と話がしたいなんて私らしくはない。

　ひとめぼれでもないこの感覚に違和感を覚えながら、私は後日バーに遊びに行く約束をして別れた。

　それから三日が過ぎ、私はもう祐介君と話がしたくなっていた。

「行けたら行くね」

「待ってるよ」

　そのやりとりだけで、私の足どりは軽い。

　大崎《おおさき》駅から十五分ほど歩き、祐介君のバーを見つけた。

　重いドアをゆっくり開ける。

「いらっしゃいませ」

そこには、バーテンダーの顔をする彼がいた。

落ちついた店内にはレコードが飾られ、読書もできそうなソファ。棚にはお酒のボトルがずらりと並べられ、それさえもインテリアとしてなじんでいる。

カウンターが六席、テーブル席が五席のこぢんまりとした空間だ。そこにふたりのスタッフがいる。

「なんだか、コーヒーが飲みたくなっちゃうね」

「いいよ。作ろうか?」

「うそよ。ジントニック、お願いします」

笑いながら祐介君がグラスを準備する。その指が細くて長く、あまりにもセクシーで、思わず見入った。

祐介君はスタッフに的確に指示を出し、店長として働いていた。それは当たり前の光景なのだろうが、私の彼を想うスピードが加速するには十分だ。

「はい、どうぞ」

祐介君の手からグラスが離れ、コースターに置かれる。

慣れているはずのジントニックが、妙に大人の匂いをまとっている。

心地よい音楽と、やさしい明るさの空間が気に入った私は、それから頻繁にお店に通うようになった。

祐介君と音楽以外の話もするようになり、本当は接客は得意ではないこと、素っ気ない態度で女性が離れてしまうことなど、私のバーテンダーのイメージとは大きく異なり、ますます彼に惹《ひ》きつけられている。

二カ月がたったある日、お店に行くと、店内は祐介君ひとりだった。

「今日は暇だし、スタッフ帰したんだ」

「そうなんだ。じゃあ、私もお邪魔だよね？」

「家《うち》、来る？」

心がざわつく提案だ。

「隣のマンションだし」

「うん、知ってる……」

私はなにに動揺しているのだろう。カウンター越しのいつもの会話から、場所が少し変わるだけなのだ。

「お邪魔しようかな」

声のトーンをあげてゆっくり答えたが、はっきりと胸の鼓動を感じていた。部屋でふたりきりでお酒を飲む。その意味は、男女の関係がはじまることだと、私は思っていた。

そしてとつぜんの提案から一時間後、私は祐介君の部屋にいた。出会ったその日に勢いで抱き合うほうが、照れは少ないかもしれない。いまのふたりは衝動よりも冷静さが勝ち、上辺だけの会話を延々と続けている。

ふと、ジョージ・マイケルの曲がテレビから流れた。

「ねぇ……キスしよう」

祐介君がつぶやく。

「……う、うん」

ゆっくりと目を閉じて、私たちは軽く唇を合わせた。

あまりにもぎこちないキスに、苦笑いする。

「マジで緊張する」

「私、学生に戻った気分」

「じゃあ、これはどう？」

なにかに抑制されていたかのように、私たちはお互いの唇を貪りはじめた。

舌がねじこまれ、吐息が漏れる。

「さっきと、ぜんぜん違うんだけど……」

頭の先まで祐介君の熱が駆けめぐり、私の身体が疼《うず》く。

「うんっ……はぁ……」

私の昂《たかぶ》りが祐介君にも伝わっているようだ。

「春菜ちゃん、こんな感じでキスするんだ……いじめたくなる……」

紳士的だと思っていた彼の台詞《せりふ》に少し驚きながらも、下半身を潤わせてしまう。

やはり祐介君も、本当は遊びなれたバーテンダーなのだろうか。そんなことはどうでもいい。このまま祐介君のペースで私を狂わせてほしい。

私のブラウスの中に彼の手が入りこむ。そのままふたりは倒れこみ、祐介君が私を見下ろした。なにかのスイッチが入ったような視線が私を濡らす。

「脱がせていい？」

「うん……」

やさしい言葉とは裏腹に、パンティーだけを残して、私からすべてをはぎ取った。

私の脚をひろげ、パンティーの上から指で敏感な部分を刺激しはじめる。

驚くほど蜜があふれているのがわかる。くちゅくちゅとふしだらな音が私の耳にも届くのだ。

「ああっ、あ……うっ」

首すじから下りてきた舌が、かちかちにとがった乳首を転がす。

「はぁ、うっ、あぁ……」

パンティーに祐介君の指が侵入し、割れ目にそって前後に動く。

呼吸が乱れ、私の吐息も喘《あえ》ぎ声に変わりはじめた。

すると祐介君はパンティーを脱がし、愛液で妖しく光る私の秘部に、ふうっと息を吹きかけた。

「すごいね……ピアノの先生って、大胆なの？」

恥ずかしい。いままで私と交わった男は何人もいるけれど、一度目のセックスで敏感なその部分を舐《な》められたことはなかった。

「いや……」

蚊が鳴くような声で訴える。そんな私を彼が勝ちほこったかのような目で見つめていた。

「いやならやめるけど……」

こんなにも主導権をうまく使うなんて、バーテンダーらしいと思ってしまう。

私は屈辱的な気分を味わっていた。ところが、私を見下ろしている挑発的な男は、しつこく指を出したり抜いたりして、私を徹底的に焦らすのだ。

「い、いやだ……うっ」

思いきり舐めてほしいとは、言えるわけがない。

「春菜ちゃん、どうする？」

いつもの彼の口調だ。

なにも言えない私に唇を重ねると、微笑《ほほえ》みながら太ももをそっと押さえ、私の局部を露《あらわ》にし、舌でぺろぺろと舐めはじめた。

「やだ……あぁん……」

私は激しく欲情していた。ふわふわ浮いているような、かと思えば全身が締めつけられるような、自分ではコントロールできない快感が全身を駆けめぐる。

「いい……いい、あっ」

彼の股間も、はちきれそうにふくらんでいるのが見える。

「あっ、イッちゃう……」

とつぜん、私は絶頂感に襲われていた。それでも意地悪な彼の指が、私の素肌にまつわりつく。

全身のうぶ毛を逆立て身体をよじらせる私を見て、彼が熱い塊をぐりぐりと擦《こす》りつけてきた。

「もう我慢の限界だよ」

そう言って、彼のモノが一気にねじこまれた。

「ああ、ああっ」

すでに絶頂を味わった私の身体は、どう反応していいのかわからなくなっているようだ。

「いい……そこ……そこ、そこ……」

「ここ、いいの？」

「うん、あぁ、すごい……そこ……だめ……」

腰が勝手に動き、自分からクリトリスを擦りつける。奥深く男棒が突き刺さっているのを感じ、両脚をからめてさらに密着する。

必死で射精を回避する彼の顔が、私をさらに悶《もだ》えさせる。

「またイキそう……だめ、もう……」

ピストン運動がさらに激しくなり、声がとぎれる。

「イクッ、イクッ、ああ」

きつく抱きしめられながら、どくどくと噴き出る男液を中で感じる。

悦《よろこ》びに満たされ、彼をいとおしく感じる瞬間だ。

「本当は三日後にしたかったんだよなぁ」

「三日後？」

「誕生日まで待てなかった」

「えっ、なんで私の誕生日、知ってるの？」

「春菜ちゃんの友達も飲みに来てるからさ。いろいろと情報が入ってる」

「やだなあ。変なこと言ってそうだけど」

「バーテンダーが嫌いだってこと？」

「それは、イメージで……」

「どう、俺は？」

「いろいろとイメージとは違った。祐介君がこんなに激しいセックスするなんて、ほんと思ってなかった」

「俺だってピアノの先生がこんなにエロいとは思ってなかったよ」

彼の中心が反応している。甘くてとろけそうな夜は、欲望が果てるまで続きそうな予感がした。

沖縄の豊乳ママ

東京都・会社員・五十一歳

二十年ほど前になるだろうか、私は携帯電話用のホームページを開いた。

そして同じころに、やはり自分のホームページを開設した香織《かおり》という人妻と知り合い、互いのホームページを宣伝し合ううちに、意気投合。

共同のホームページを作ろうということになり、サイト管理人らの情報交換や相互相談をする倶楽部《くらぶ》を立ちあげた。

部長は香織で、私は副部長。総勢五十名からなるサイト管理人たちの集まりにまで発展した。

香織は一児のママで、沖縄に住んでいた。毎日、チャットで話すようになり、倶楽部の運営方法を議論するのが楽しかった。

そうしているうちに、彼女が借金していること、クリック広告で稼いでいること、若いころに風俗店に勤めていたことや過去の恋愛話など、かなりプライベートなことまで話をするようになる。

「もっと早くに出会っていたら、つき合ってたかもしれないね」

「いまね、あなたと毎日話すことが精神的な支えになってるもん」

人妻からこんな不穏な言葉をかけられると、誰でも会ってみたいという気持ちになるであろう。

ちょうどそのころ、会社を辞めたばかりだった私は、職に就かず、退職金で生活費を賄っていた。

会社に勤めていたころはハードワークで旅行する暇もなかったが、彼女に会いたい一心もあり、沖縄旅行を決心。その話を彼女にすると、喜んでくれ、簡単に会う約束を取りつけることができた。

九月下旬のオフシーズンをねらって、沖縄に飛ぶ。翌日の昼に彼女と会う約束をし、レンタカーで自宅のある浦添市《うらそえし》まで迎えに行く。

それまでお互いに顔の確認はしていなかったが、電話で話をしたときに、沖縄の訛《なまり》が妙に私の心をそそった。標準語なのだが、イントネーションが明らかに違う。言葉のうしろにアクセントがあるのだ。

例えば、海という言葉。標準語では「う」にアクセントがあるが、沖縄では「み」にアクセントがかかる。尻あがりの発音だ。

これをアラサーの既婚女性が発すると、妙になまめかしかった。

車種を伝え、指定された場所で待っていると、麦わら帽をかぶった彼女が小さな子の手を引いて、こちらに向かってくる。

……しまった。

すっかり舞いあがっていた私は、子供を連れてくる可能性を忘れていたのである。

ややぽっちゃりした体を白い半袖のワンピースに包んで近づいてくる彼女の胸が、ぷるんぷるんと揺れている。

「こんにちは。はじめまして」

香織が明るい笑顔を向けた。

目が大きく、髪はセミロング。童顔だから、聞いていた三十四歳という年齢を感じさせない。もし彼女が人妻でなければ、確かにつき合っていたかもしれない。

「ごめんね。旦那が子供を連れていけって。子供がいれば、変なことはできないだろうからって」

彼女は苦笑いしながらそう言った。

「じゃあ、うしろの席にふたりで座るのがいいね」

子供はまだ幼稚園に上がっていない男の子で、四歳になったばかりだそう。

お土産を持ってきていた私は、トランクを開けて子供用の釣竿《つりざお》とリールをプレゼントする。男の子は喜んで受け取ってくれた。

「で、どこ行く？」

「そうだな。はじめての沖縄なんで、美《ちゅ》ら海《うみ》水族館に行ってみたいんだけど、どうかな？」

那覇《なは》市内からは車で片道二時間ほどかかる。

「いいね。美ら海水族館、行きたいな。ね、××も行きたいでしょ」

香織が息子に尋ねる。

「うん、行きたい」

あっさり北方小旅行が決まった。

高速道路に乗ればもっと早く着くが、せっかくなので、きれいな海ぞいを走りたいと、一般道を選択する。

道中は、プライベートな話は極力避けた。子供がいると、会話の内容をあとで父親から聞き出される可能性があるからだ。

もちろん、艶っぽい話をする気はないが、いつもチャットで話すような感じにはいかない。

水族館に着き、巨大な水槽を前に三人がそろうと、親子連れだと誰もが思うに違いない。それくらい、男の子とも親しくなれた。

休憩場所では、パイナップルをくりぬいて器にした天然のパインジュースを飲んだが、味見をしたいと言い、私が吸ったストローにそのまま口をつけて彼女が飲む。

その警戒心のなさから、なんとか子供から離せないものかと、少しずつ邪《よこしま》な考えを持ちはじめた。

水族館を堪能《たんのう》したあと、彼女にもう一カ所行きたいと話してみる。

「ビオスの丘《おか》ってあると思うんだけど、そこの牛車に乗ってみたいんだ」

「あ、それいい。じつは私も行ったことないんだよね。うちの子、動物好きだし、あそこ、触れ合えるから喜ぶかも」

彼女も大乗り気。

「時間は大丈夫？　何時ごろに家に着きたい？」

「ん、旦那は夜の仕事してるから、時間はそんなに気にしなくていいよ」

「へえ、旦那さんの仕事、夜なんだ」

しめたと思った。

「うん、夜勤。だけど、この子が寝る時間が八時くらいだから、それまでには帰りたいかな」

ビオスの丘は那覇に帰る途中にあることだし、いまは四時。高速を使えば、三十分程度なので、充分余裕がある。

到着すると、さっそく牛車に乗った。園内を一周するだけだが、子供は興奮して、はしゃいでいた。

芝の空き地に飼われていた山羊《やぎ》に人参《にんじん》をあげたり、散歩したり、野生のニワトリを追いまわしたりして、たっぷりと子供に運動してもらった。元気な子供でも、さすがに体力を消耗したはずである。そこで、今度は腹ごしらえだ。

「泊まっている那覇のホテルで夕食をご馳走《ちそう》するよ。食事をしても七時すぎには送れると思うし」

「え、悪いよ」

「いやいや。こうして案内してくれたんだから、それくらいさせてよ」

こうして那覇の宿泊ホテルに戻り、ホテル内のレストランで夕食をともにすることになった。コース料理だと子供が食べられないので、食べたいものを単品でそれぞれ頼むことにする。

お腹《なか》いっぱいになったところで、子供がウトウトしはじめた。

「そうだ、最後に部屋でサンセットを見ながら、ティータイムといこうよ。ちょうどオーシャンビューになってて、外に広いマイテラスがあるんだ」

「うう」

ややためらいを見せていた香織だったが、高級ホテルとサンセットに落ちたのか、遅ればせながらの笑顔で、うなずいてくれた。

「すごい！」

部屋に着くと正面のサンセットを見て、香織が驚きの声をあげる。

子供はといえば、大きなダブルベッドがお気に入りのようで、ぎゃあぎゃあ言いながら、飛び跳ねている。

「ちょっと、そんなふうに暴れちゃだめよ。ベッドから降りて、そっちのソファでおとなしくしてて」

ママがたしなめると、彼は母親のほうを見ながら静かにソファまで移った。

「素直だね。ちゃんと言うことを聞くんだ」

「違うわよ。私が怖いからでしょ」

苦笑いの彼女。

「いやいや。叱らずに、説くように話しているだろ。だから、言うことをちゃんと聞くんだよ。うまく育ててるね」

「そうかしら」

微笑《ほほえ》む香織の横顔に、夕陽《ゆうひ》の色がかぶさって、赤く照らしている。

しばらくふたりで水平線の向こうに落ちてゆく陽を眺めていたときだった。

「あ！」

彼女が声をあげた。

「寝ちゃってるわ」

すうすうと気持ちよさそうに寝息をたてている息子に向かって呟《つぶや》く。母親の焦燥が感じられた。

「起きて。ここで寝ちゃだめよ。帰らないと」

彼女が息子の肩を揺すぶって声をかけるが、まったく起きる気配がない。

「かわいそうだから、寝かせておいてあげなよ」

「失敗した。この子、一度寝るとなかなか起きないのよ」

「とりあえず、しばらくはそのままにしておいてあげたらいいよ」

「うう」

ためらいがちに香織が唸《うな》る。

「じゃあ、少しだけね」

横のベッドは上掛けが引きはがされていた。私はベッドまで直しに行くそぶりを見せながら、身体をそこに横たえる。

「すごいね。こっちに来てごらんよ。空の星が満天に輝き出したよ」

香織もベッドに無防備に腰かける。うしろ姿のシルエットを見ていたら、触れたい欲望がわきあがってきた。

「もっとこっちに来てごらん」

ベッド横のスイッチを消して、部屋の灯《とも》を落とす。

ふり向いた瞬間の彼女の顔つきはなんとも言えなかった。おずおずと彼女がベッドに上がりこんで、川の字に並ぶ。

「でも、君と会えてよかったよ」

「会って、幻滅したんじゃないの？」

「どうして。そんなことないよ。思ってた感じの女性だったし」

「思ってたって。ぽっちゃりしてると思ってたんでしょ」

「あはは。でも、俺好きだよ。女性はふくよかさがないと。なんたってお肉の触り心地がいいんだから」

そう言って、なにげなく彼女の手を握ってみる。

「ほら、やわらかい」

困ったような表情を見せつつも、少し握りかえしてきたようだったので、腕や肩をさすってみた。

「だめよ」

軽い拒否の言葉を見せるが、目に迷いがある。

恋人つなぎで手をからませ、横向きになってじっと見ていると、私の視線を意識して、こちらを向かずに虚空を見つめている。

思いきって香織の人さし指を頬張り、熱い舌を指の腹に押しあてる。

「ん、ん、ん」

眉間にしわを寄せて呻《うめ》きながらも、香織はすっと横目で息子を見やった。やはり、母親としては気になるのだろう。

しわになって乱れたワンピースの裾に手をかけて、するするとまくりあげてゆく。

「だめ、待っ……」

言葉を発しそうになった香織の唇に、自分のそれを押しあてて塞ぐ。

水色のブラは予想どおり、はちきれんばかりのふくらみだった。

痴態を子供の目に触れさせるわけにはいかないのだろう。激しい抵抗もなく、ブラをまくりあげられる。

ぶるんと音がしたかと思うほどの量感を持った乳房がさらされた。香織は口を真一文字に閉じて歯を食いしばっている。

麓から両乳房を揉《も》みあげると、乳頭がせりあがり、その先端をちゅうっと吸いあげた。ビクビクッと身体を震わせ、彼女がグイッと半身を起こす。

その大きな乳房は、重力の影響でやや垂れてはいるものの、見事な釣鐘形。突端が上向きの、いやらしい形をしていた。

たまらなくなって先端に舌を押しつけると、乳頭はやわらかく、くにゅっと倒された。何度も何度も縦横に突起をなぶってやる。

「はぁん」

むしゃぶりつく私の頭をぎゅっと引きよせ、彼女は甘い吐息を漏らした。

すでにショーツに手を伸ばしていた私の手のひらには、温かくじんわりとしたものが感じられる。ショーツに手を挿しこみ、膣内を探る。熱い襞《ひだ》にどろりとした粘膜がおびただしくひろがり、指を折りまげただけで、クチャと淫らな音が響く。

眉間にしわを寄せた彼女は、ぶるっと身を震わせ、真っ白なウエストをうねらせた。

腰が浮きあがったところで、しゅるっとショーツを引き下ろす。

にらむような困り顔が私の心に火をつけないではおかない。私はズボンとパンツを下ろし、びんびんになった股間をさらけ出すと、腿《もも》まで落ちているショーツを強引にはがし、急いで肉身を秘裂に合わせた。

「だめ、入れちゃだめっ」

かぼそく発せられた言葉が耳に甘い。

膝を前にぐっと進めると、そそり立つ肉身が秘裂をツーッと縦に滑った。その反動で秘唇がくちゃっと開き、クプッと奥へ呑《の》みこまれてゆく。

「あぁ、うう……」

隣に寝ている息子を気遣いながら、香織は言葉にならない声をあげた。

事後、ふたりとも言葉を交わすことなく、身仕度を整えると、寝ていた子供をおんぶした彼女を自宅近くまで送りとどけた。

沖縄から帰ってしばらくは、彼女とチャットでやりとりをしていたが、私が昼間の仕事についたために、チャットもできなくなった。

半年ほどたったあと、声を聞こうと電話をかけてみると、解約されていた。

単身不倫

神奈川県・エンジニア・五十二歳

四十代後半、アラフィフと言われる年齢になった。新卒で入った会社は今年で二十五年。入社以来、本社の開発部に所属し、いまは管理の仕事が大半だ。本音は最前線で働きたいのだが、そうもいかなくなった。

したいことの半分もできない状況に、近ごろそれを少し苦痛に感じるようになってきた。そんなとき、人事から「子会社へ行って副社長をしてほしい」と打診があった。

同僚たちが次々と単身赴任するなか、自分は一度も本社を離れたことがなかった。戻ってきてから「独身気分になれて、たまには単身赴任もいいぜ」という同僚が多かった。それを聞くと、どことなく羨ましく思う自分がいた。

結婚して二十年。ふたりの子供は大学に通っている。専業主婦だった女房は暇つぶしにパートに出かけるようになった。自分がいま家にいなくても、少しの間なら家族は困らないだろう。そんな思いもあって、人事部の部長から話を聞くことにした。

「T精工電子の社長からの依頼なんだ。社員のレベルアップをしてほしいらしい。君ならできるはず、とたってのご要望だ。一年だけの単身赴任、行ってもらえるか」

「はい。私でよければ、オーケーです」

子会社からの依頼だから、高待遇は間違いない。断る理由はなかった。

十二月にT精工が借りてくれたマンションに引っ越しを済ませ、翌年一月に正式に赴任。新年早々、全体朝礼で社長が私を紹介し、全社員百二十名の前で短めの挨拶をした。

副社長という肩書はT精工にはなかったので、急遽《きゆうきよ》、特別応接室を副社長室に変え、私の居場所はそこになった。

翌日から社員のモチベーションをあげるにはなにをしたらよいのか、それを探ることにした。

まずはひとりひとりから要望を聞き、それをかなえる方法をアドバイスした。

みな、やさしく素直だ。それが奏してか、最初からおもしろいほど効果があらわれた。一年後、社員の意識がどう変わっているのか、楽しみだ。

そして、はじめての単身赴任で自分がどう変化するのかも……。

本社では最低でも二時間は残業していたが、鳥取に来てからは毎日定時あがりだ。マンションでひとりっきりでする晩酌と夕食、家族がいないと時間が長い。ＴＶは見ているが、それだけでは物足りない。酒をうまくするものが欲しかった。

持参したノートパソコンの電源を入れ、ネットにつなげる。久しぶりにネットで遊んでみたくなったのだ。

ネットは仕事で使うことが多く、早い段階から慣れていた。そのおかげで、ネットナンパという言葉が生まれる前から、女性との出会いを実践している。

最初に流行《はや》ったのはメル友サイトだった。そこで遊んだ三十代のころは、文字で口説くのに夢中になった。

ＳＮＳやチャットができるようになってからは、その手軽さが口説き落としの時短につながり、毎月のように新しい女とセックスしていた。

だが、四十歳を過ぎてからは、ピタッとやめてしまった。大きな理由はなかった。あえて言えば、やりすぎたというところか。

遊んでいたころに登録していたサイトに入る。仮想空間で、チャットを行える無料サービスだ。

暇なとき、ここで何人かの女性と知り合い、大人のつき合いをしてきた。けっこう楽しんだが、全員、関東の女性だった。

せっかく鳥取に来たのだから、できれば関西の女性と……そんな思いがわいてきた。

サイトの中にはさまざまな出会いの広場がある。私はアラフィフ広場を選んだ。同年代だと安心感があって、会話が弾むからだ。

このサイトは自分の分身（好みの姿のアニメーション）を動かして遊ぶようになっている。私のキャラ（分身）は半ズボンにTシャツ、浅黒い肌だった。

アラフィフにはちょっと似合わないが、学生時代からサーフィン好きで、いまでも暇になれば海に行って年中真っ黒。そんな自分に近いキャラにしたつもりだ。

アラフィフ広場にあらわれた私の分身をベンチに座らせる。見わたすと、四角い敷地に五十人近くいる。姿から察すると、男女半々か。

個々の分身にカーソルを当てると、自己紹介文があらわれる。関西の女性と思われたら、イイネボタンを押す。すると、ヒューッとイイネ（光る点）が飛んでいき、相手に当たる。

同じことをくり返して待っていると、半数ほどがイイネを返してきた。キャラを歩かせ、イイネをもらった女性に近づき、キーボードを操作して「イイネ、ありがとう」と話しかける。無言なら、ペコッとおじぎして離れ、相手がノッてきたら友達登録をして、ネット上での友達になる。

鳥取に来て一週間後には、新しくできた友達が十人を超えていた。それでいったん友達作りをやめ、そのあとは毎晩、友達とチャットを楽しむ。

ともにアラフィフだから、年齢相応のセックス経験はあるはず。けれど、会話の中では露骨な話はしない。かといって、堅い話だけでは続かない。たまに、軽い下ネタを混ぜて飽きさせないようにする。その加減がミソだ。

数日すぎると、中に積極的な女性がいることに気づいた。

その女性は、兵庫県尼崎《あまがさき》の奥様だった。話題は趣味や下ネタ、子供のこと、なんでもありで、ノリがよく、テンポが合った。

旦那の愚痴もポロポロ出て、それに相槌《あいづち》を打っているうちに、あっという間に親密になった。

そして、一月末。

「そのうちどこかで逢《あ》いたいですね」

と、チャットで誘ってみると、

「そうね（笑）」

と、まんざらでもない返答だった。

「では、ケータイ番号教えますね。急に逢いたくなったら、コールしてください」

と書いて、数字を並べると、直後に彼女も電話番号を教えてくれた。これであとは、実際に逢う機会を作るだけになった。

たった一カ月でそんなにうまくいくはずがない、と疑われるかもしれないが、実際にそうなるのだからおもしろい。過去には、たった一時間で意気投合し、ラブホテルに行ったこともあるのだ。

そもそも、SNSは人とつながるためのツールだ。とうぜん、異性との出会いを求めている人も多い。そんな女性と出会えれば仲よくなるのは容易。経験を積めば、誰でも口説き上手になれる。

そのうえ女性のほうから誘われることも意外と多い。本当の話だ。男が考える以上に、女は性に対して行動的なのだ。

二月になって尼崎の女性から、仕事で鳥取に行くとメールが来た。金曜日に来て、仕事が終わったあと、市内に一泊していくらしい。

「飲みに行きましょう」

と、メールを送ると、

「ええ」

と、ふたつ返事が返ってきた。

仕事は夕方五時に終わるという。ならば、着がえを済ませて向かっても、待たせる心配はなかった。

当日、朝から降っていた雪が街を真っ白にしていた。タクシーから降り、ケータイで連絡を取る。電話で話すのはこれで二回目だ。

コール音が切れ、彼女につながった。

「由紀子《ゆきこ》さんですか?」

教えられていた名前だ。

「はい」

うれしそうな声が返ってきた。

「清水《しみず》です。どうします。外で飲みますか？」

「ええ」

「じゃ、ホテルまで迎えに行きます」

由紀子は駅前のビジネスホテルに泊まっている。

ダウンジャケットのポケットに手を突っこんで街灯の中を歩き出した。関東の冬とは違い、山陰の冷気は湿っていて心底寒い。

煌々《こうこう》と光るホテルのロビーが見えた。自動ドアを通ってからケータイをかけたとたん、トントンと背中をたたかれた。

振り向くと、女性が立っていた。

「清水さんでしょ？」

「由紀子さん？」

「ええ、はじめまして」

「こちらこそ。でも、どうしてわかったんですか」

「震えたからよ」

彼女が手にしたケータイを見せて笑う。それで緊張がほぐれた。

教えられていた年齢は五十歳だったが、一見した感じはそれよりも上に思えた。彫りが深く、小利口そうに見えるので、そう感じたのかもしれない。逆に彼女は、私が予想より若く見えて驚いたようだ。

「じゃ、行きますか」

ふたり笑顔になって、肩を並べて歩く。

由紀子の笑う表情は実に自然だった。しかし、どことなく隙がないような雰囲気が漂っていて、セックスまで持っていくのは難しそうに思えた。

気のせいならよいのだが……。

十五分ほどのところに数回行った小さな割烹《かつぽう》料理屋があり、そこへ案内した。

「清水さん、きれいな方とごいっしょですね」

カウンターに並んで座ると、マスターが笑顔で声をかけてきた。

「女房には内緒のデートです」

マスターがうなずき、由紀子と私が目を合わせてニヤリとした。

店は貸切状態なのに、ふだん饒舌《じょうぜつ》なマスターは料理を作るのに懸命の様子だ。ただし、それは怪しい関係のふたりに気を使ってのことだと一目瞭然だった。

チャットで、由紀子は職業を教えてくれなかった。

そのことを聞くと、

「小学校の先生よ。鳥取には清水さんに逢いたくて来たの。仕事ってのは、旦那用のうそ」

そう言って、微笑《ほほえ》んだ。

先生と聞いて驚くと、

「それも、よせばいいのに教頭なのよ」

いたずらっぽい声で囁《ささや》く。

ビックリされるし、先生がこんなことをって、そう思われるのがいやで教えなかったらしい。

初対面なのに、つねに落ちついた雰囲気だった。それで目の前にいる由紀子が本当に教頭先生なのだと実感した。歳《とし》がいっているように目に映ったのは、そのせいだったのかもしれない。

関西生まれなのに、由紀子はずっと標準語で話していた。学校の方針で、ふだんでも関西弁は使わないというが、たまにイントネーションがおかしくなる。そこが妙にかわいかった。

学校の話が続き、先生の仕事がいかに大変か、夫も別の学校で働いていて、だから世間が狭いと説明したあとで、

「だから、遊びたくなるの」

由紀子は笑いながら自己弁護した。

話題はチャットのことやお互いの印象、そしていつものように下ネタに移っていった。

顔を寄せ合い、小声で話す。さすがに他人には聞かれたくない。

由紀子の話は相変わらずおもしろく、すこぶる卑猥《ひわい》だった。

私もエロ話は得意なほうだ。なにしろ数多く実践してきているのだ。経験談を話せば話すほど、関西のノリで由紀子が突っこんでくる。

「うそぉ」

「それしてみたい」

「気持ちよさそ」

などなど……。

素晴らしい展開になってくる。口説くことを忘れさせるほどおもしろい。

ビールからはじまった酒は、日本酒に変わり、すでに二時間近く飲んでいた。

「部屋に送ってくれる？」

由紀子が少し酔った声で囁いた。

「とうぜん」

そう返して店を出る。

雪がふぶく寸前の天候状態だった。由紀子の肩を抱き、店で借りた傘でかばう。足どりはしっかりしているが、滑りやすい。慎重に歩いてホテルに着いた。

エレベータに乗り、教えてもらった番号階を押す。やけに静かな由紀子へ目を合わせると、いきなり抱きついてきた。

「大丈夫？」

ふらついたのだと思った。

「ぜんぜん、オーケーよ」

言葉が切れたとたん、由紀子がキスしてきた。

「ありがと、こんなオバちゃんとつき合ってくれて」

「きれいなオバちゃんは大好きです」

本音だった。由紀子は話上手でしぐさが色っぽく、男好きする女だった。スタイルは筋肉質な感じで姿勢がとてもよく、そこはある意味先生らしい。彼女につられてオバちゃんと言ってしまったが、その言葉がいちばん似合わなかった。

由紀子がキーでドアを開ける。

「入って」

私の手を握り、引っぱる。

部屋で飲んでいい。その台詞を用意していたが、使わずに済んでしまった。冷蔵庫にビールがあるはずと、開けようとすると、

「シャワーを浴びたら？　そのほうが、ビールがおいしいわよ」

どことなく命令口調だが、それも先生っぽくて、いかにもな感じだ。

「じゃ、お先に」

バスルームに入り、シャワーを浴びる。熱い水滴が冷えた手にうれしい。ほっとした。とりあえず下半身を集中的に洗っていると、ドアが開いた。

「いっしょでもいいでしょ」

大胆なことに、全裸になった由紀子がバスタブに足を入れてきた。

こんな展開があるから、熟女にはいつも驚かされる。お堅い仕事の由紀子が、これからどうなっていくのか。それが楽しみだ。

服を着ているときは痩せているように思えたが、女性らしい体形だった。存在感があるバストとヒップ……五十代とは、とても思えなかった。

「そこだけ洗って、エッチね」

由紀子の指摘に言い訳が思いつかない。

「もしかしたら、使うことになるかもしれないからね」

正直に言い、笑ってごまかすと、

「使うつもりでしょ」

由紀子は、まだふくらみきれていない陰茎にそっと触れた。

先手をずっと取られている。セックスは男性主導。それが信条の私としては、逆転が必要だ。

「洗ってあげようか？」

「どこを？」

「ここを」

由紀子の下半身に泡だらけの両手を伸ばし、そっと触れた。

「ちゃんと洗ってね」

由紀子が笑った。

背後から右手でヴァギナを撫《な》でる。全体がフワッとやわらかい。

多めの恥毛を指にからめてから、指先で女の谷を縦になぞると、由紀子の息がなまめかしくなった。期待どおりの反応をしてくれる。

「どんな感じ？」

「素敵。上手よ……」

由紀子のバストは美しかった。それほど垂れもせず、色薄い乳首がキュッと上を向いていた。

左手はそこを味わった。泡を塗り、滑らかに指でなぞると、由紀子の息がさらに熱くなった。

「う、うんっ、すごく気持ちいいわ」

言い終わる前に、由紀子は反転して、

「もう出ましょ。ここは狭くって……」

いきなり切られてしまった。

リードを取ったと思ったが、やはり教頭先生のペースのままだ。

由紀子はさっと泡を洗い流し、先にバスルームから出た。

半勃《だ》ちの股間にシャワーを当て、タオルを腰に巻いてからあとを追う。

照明が明るい部屋のなか、由紀子はバスタオル姿で、ダブルベッドに仰向けになって待っていた。

「電気、消す？」

「いいんじゃない。不倫は堂々とやろうよ」

それにうなずいて、由紀子の隣に腰かける。

「じゃ、じっくりと拝見させてもらおうかな」

「いいわよ。どうぞ」

そう答えて、由紀子はバスタオルを自らほどいた。

また驚かされた。はがす楽しみが吹き飛んでしまった。

全裸の主婦が屈託なく微笑んでいる。はじめての男に対してまったく遠慮がないうえ、教頭先生らしからぬふるまいをする。

そのどちらもが彼女の本当の姿なのだ。その表と裏のギャップに見とれてしまう自分がいる。

さっきバスルームで戯れたときは、由紀子の身体に若さを感じた。いままたこうしてあらためて見ても、肌にそこそこ艶がある。仰向けなのに、バストもほどよく形を整えている。

太ももをそろえているから、具は鑑賞できない。けれど、濡れている恥毛が妙なかたちに乱れていて、妙に猥褻《わいせつ》だった。

「エロいね」

「でしょ。いろいろ鍛えてるから」

「男のために？」

「そうよ、素敵なセックスのためにね」

由紀子がニヤリと笑みをこぼした。

社会的地位が高いととらえられているのが教師だ。そんな女が誘ってくる。それも全裸で……。

こんなことが本当に起きるのが、ネットでの出会い。数年間やめていたのが惜しいとさえ思えてきた。

まずは豊かな胸に手をそえて、ふたつの乳首を交互に舐《な》めた。ゆっくり舌先で乳輪をなぞると、キュッと硬くなった。由紀子の指が静かにうごめいて、囁くような吐息が耳に伝わってきた。

敏感な乳房を誉《ほ》めようと思った。だが、言葉は不要に思え、乳首を含んだまま右手をヴァギナへ向かわせる。すると、由紀子がわずかに膝をそろえた。やはり少しは羞恥が残っているようだ。

しっとりと湿った恥毛が気にかかっていた。からめてつまむと妙に長く、たっぷりある。その生々しい感触が熟女らしかった。

しばらくいじっていると、

「そんなところで遊んじゃいや」

彼女はそう言ったが、本気ではない。言葉に、ほんのり甘さがある。

「ご要望に応えなきゃ、叱られそうだね」

「そうよ。ちゃんとして」

艶っぽくねだってきた。

「けっこう、かわいいね」

お世事ぬきで言うと、由紀子が私をじっと見つめた。

「本当？」とでも、言いたげな表情だ。

指先で、谷間に潜む陰核の裾野をそっと撫で、ゆっくりと押しまわす。

「ああ、そこ、いい……」

素直な反応だ。抑えきれない小さな呻《うめ》きが唇から洩れてくる。

肉溝のフリルの感触を覚えながら、指を下に移動する。そこには蜜をためた淫らな穴が待っている。やわらかな肉口はすでにトロトロになっていて、ニュルッと指先が自然に迎え入れられた。

「う、うん……」

由紀子が囁く。

小学校の先生、それも教頭先生が全裸になって、目の前で色っぽい声をあげている。

ふだんはきっと自分にも生徒にも厳しい人なのだろう。そう考えると、彼女の学校での姿を思いえがいてしまう。生活態度の悪い生徒を説教する厳しい教頭先生。そんなイメージの由紀子が、いま股間で男の指を咥《くわ》えている。この姿を生徒が見たら……そう考えると興奮しないわけがない。

由紀子の膣壁は複雑だった。そこを指の腹で探る。奥まで挿し入れて十分にかきまわし、そしてゆっくり引き戻す。

「あっ、いいわ……」

抜け出る寸前で外にいる親指と入っている指で挟みこむ。Gスポットをねらうのだ。ちょっと強めに指の腹で押し、そして撫でまわす。それを何度もくり返しているうちに、

「そんなこと、して、うぅん……」

感じている。やっとこちらのペースになってきた。

しばらくそこを攻めつづけたあと、クンニをするつもりで身体の向きを変えようとすると、

「今度はあたしの番」

由紀子はすばやく私から離れ、ベッドの下へ移動していく。

四つん這《ば》いで進むから、由紀子の尻とその狭間《はざま》がまる見えだ。薄い色の陰毛がアヌ

スのまわりで花咲き、大きめなふたつの陰唇がフニョフニョと上下左右にうごめいている。恐ろしくエロチックな眺めだった。

私の両足の間に割って入った由紀子が、かっちりと硬直した陰茎を真上に立てて、唇を寄せてくる。

魔女のような笑みを作ってこちらを向き、亀頭に軽くキスをした。

「食べちゃうね」

いたずら好きな子供の表情になっている。

最初は軽く触れ、そしていったん離れてから、生ぬるい由紀子の舌がナメクジのように這いまわる。

陰茎に残った彼女の唾液が、テラテラと輝いた。

由紀子の真剣な表情ととがったペニス。その光景に興奮し、快感が沸きたった。

「ううぅ……」

思わず情けない嗚咽《おえつ》が出てしまった。

すぐに強烈なフェラがはじまった。音をたててしゃぶり、まる呑《の》みした亀頭を舐めまわし、手はせわしなく上下に動く。このまま続けられると、あと数秒ももたない。

そんなことを考えている間にも、快感は頂点に近づいてきた。精液がグッと押し出されるのを、なんとか我慢。上半身を起こし、懸命になっている由紀子を股間から離した。

「危なかった？」

と訊ねる由紀子にうなずく。

「出しちゃえばよかったのに。私、平気よ、飲むの……」

生ぬるいスペルマを飲む由紀子も見てみたい。けれど、いま出してしまうと負け。そんな気がした。

ふっと息を吐いて、気を鎮めた。今度はこっちの番だ。由紀子の背中に腕をまわし、強めに抱きしめる。

素晴らしいフェラにクンニでお返しをしたいところだが、うねりつづける由紀子の身体には、もうその必要はない。

乳首を含み、舐めるだけで全身がピクリと震えた。身体中、過敏になっているのだ。

「ねえ……もう、入れて……」

本気で欲しがっている。

返事をせずに、亀頭で膣口のふちをめぐる。ペニスが流れ出た蜜をからめ、ヌルヌルになった。それを入口にあてがい、ゆっくりと沈めてゆく。

「ああん、入ってきた」

どこか客観的な感想のようにも聞こえる。それも先生らしい。でも、身体はチャンと反応していた。由紀子の両脚は大きく開き、そして腰に巻きついている。放さないとばかりに……。

翌朝、ウトウトしていると、妙に股間が温かい。瞼《まぶた》をうっすら開けると、硬くなった陰茎を由紀子が手にして、カリを舌先で一生懸命に舐めていた。

「おはよう」

驚きもあって、声がかすれてしまった。

「おはよう。つい舐めちゃった。気持ちよかったでしょ?」

いたずら顔で、由紀子が言った。

「まあね」

軽く答えたが、カチカチになっている。鎮めるにはセックスするしかない。

全裸のふたりは、昨夜の濃い二発を忘れたかのように、早朝六時からセックスをはじめた。

山陰はまだ夜明け前。静かに降る雪が蛍になって窓の外を飛んでいた。

ホテルの最上階に近い部屋は、男女の呻き声ではめ殺しのガラス窓を揺らしていた。

チェックアウトした由紀子を駅まで送る。

「清水さん、もう一度、逢ってくれる」

「来たくなったら、いつでもオーケーだよ。でも、単身赴任は今年だけだよ」

「じゃ、一カ月後に来る」

はじめての単身赴任。一年間、楽しく過ごせそうだと思った。

癒やしの女

神奈川県・会社員・五十七歳

実家は四方を山に囲まれた盆地の町にあるので、もともと海にあこがれを抱いていました。

上京以来、ずっと都内のアパートに住んでいたのですが、やはり一度は海のそばに住んでみたいととつぜん思いたち、神奈川県の三浦半島《みうらはんとう》に越してきてもう六年になります。

大昔の青春ドラマではありませんが、人生がうまくいかず、落ちこんだり、悩んだりしたときなど、一日ただぼうっと海を見ているだけで、またがんばろうという気持ちがわいてくるから不思議です。

やはり海は生命の源と言われているだけあって、なにかしらのパワーにあふれているのかもしれません。

それは、こちら越してきてから三年目のことでした。九月に入ってからも、まだまだ暑い日が続いている金曜日。川崎《かわさき》にある会社の帰りに映画を観《み》て、そのあと買い物をしてから京浜急行《けいひんきゅうこう》に乗りこんだのですが、急に思いたち、横須賀《よこすか》で途中下車して、焼き鳥を購入しました。

持ち帰りのおいしい店を見つけていたので、たまに買って帰るのです。

客が多く、待たされましたが、二十三時四十二分発の、三崎口駅《みさきぐちえき》ゆき最終電車になんとか乗れたのでした。

すると、シートに腰かけたとたん、隣で寝ていた若い女性が僕に寄りかかってきたのです。

二十代後半くらいでしょうか。かなり、ボリュームのある体をしています。

これが男ならすぐに蹴散らすのですが、長い黒髪の香りが心地よいし、大きいオッパイが腕にムニムニと当たっているし、まぁ、疲れているんだろうと、そのまま好意で肩を貸してあげたのでした。

いつの間にか僕もそのまま寝てしまっていました。

そして、三崎口で車掌さんに起こされたとき、彼女は僕の胸の中でまだ寝ていたのです。

「ホラホラ、お姉さん、起きなよ。終点だよ」

「ええっ、どこ。三崎口？　うそっ、乗りすごしちゃった！」

金沢文庫《かなざわぶんこ》で降りる予定が、大幅に寝すごしたらしいのです。

「これから、どうすんの。タクシーで帰るの？」

と訊《き》くと、彼女は悲しそうな顔をして首を振りました。

「じつは会社のロッカーにスマホ忘れてきちゃってて。Ｓｕｉｃａも残り少ないし、小銭しかないから、ここで始発を待ちます」

毎日利用している三崎口駅のまわりは、駅に隣接するコンビニと飲み屋が数軒あるだけで、あとは畑。目の前には闇がひろがっているのです。

とりあえずいっしょに改札を出て、バス停のベンチに座ります。

「あのさぁ、始発まで五時間もあるんだよ。僕、これから海に行って飲もうかと思ってるんだけど、それまで時間つぶしにいっしょにどお？」

このまま彼女をひとり残して帰るのが、なんとなくうしろめたくて、声をかけてみました。

それに、夜の海を見ながらひとりで飲むのが趣味で、よく行っているのです。

「ええっ、こんな夜中に海で飲むんですかぁ。なんか恐いなぁ」

最初は渋っていたのですが、焼き鳥を見せると、その匂いにつられたのかどうかわかりませんが、ついてくる気になったようでした。

コンビニで酒と食料を大量に買いこみ、自転車にふたり乗りして和田長浜海岸《わだながはまかいがん》へ向かいます。

月明かりはありますが、あたりは真っ暗なので、彼女の顔も最初は強張《こわば》っていたのですが、広い駐車場にはキャンピングカーも止まっているし、カップルの姿も何組か見えています。

そのせいか、彼女も少しは安心したみたいでした。

「じつは最近、友達がぜんぜん飲み会に誘ってくれなくなったんですよねぇ」

焼き鳥をおいしそうに頬張っている彼女は二十七歳。京浜地区の病院で看護師をしているそうです。

ふだんは時間が不規則らしいのですが、今日はたまたま早くあがれたし、明日は休みなので、横浜《よこはま》でブラブラしていたら遅くなってしまったと自嘲ぎみに笑いました。

背は百六十センチくらいでしょうか。やや太めで、オッパイはいわゆる爆乳です。

しかし、眉毛が濃いめの顔にはまだ幼さが残っており、ホンワカした感じを与えます。

「そういえば、お姉さん、昔、僕が大好きだった女優さんに似てるよね」

「えっ、誰。なんて名前の人ですか？」

「うう、名前はまぁいいんじゃない？」

じつはAV女優なので、気分を悪くさせるかもしれないから、濁したのでした。

若い女の子と飲むなんて久しぶりなので、ウキウキだったのですが、そのあとが大変だったのです。

最初はおとなしくビールを口にしていた彼女でしたが、だんだん酔ってくると、缶チューハイを一気飲みし、そしてワインをラッパ飲みしながら仕事のグチや同僚の悪口をしゃべりまくり、とつぜん泣き出したかと思えば、笑いながら僕を月夜のダンスに誘い、最後は砂浜をのた打ちまわりながら、豪快にゲロをぶちまいたのでした。

酒乱かよっ。なるほど。これじゃあ、もう誰も誘わなくなるはずだ。

そのまま砂の上に寝こんでしまった彼女に、僕のジャケットをかけてあげて、僕も横になりました。

そして気がついたときには、相模湾《さがみわん》の向こうに朝日を浴びている雪のない富士山の姿があったのです。

「お姉さん、起きなよ。もうとっくに始発出ちゃってるけど」

起きあがった姿は悲惨でした。

化粧ははがれ落ち、髪は砂でジャリジャリ。おまけに服はゲロまみれ。彼女は己の姿を手鏡で見ながら放心状態です。

「とにかくウチにおいでよ。それじゃ帰れないでしょ」

仕方なく家賃五万円の小さな借家に連れて帰り、風呂を沸かしてあげて、服を洗濯機に放りこみます。

「ご迷惑かけてしまいましてすみません」

僕のTシャツとジャージを着た彼女が、神妙な顔つきでうつむいています。

「そういえば、あたしに似てる人って誰なんですか。気になってて……」

「教えてもいいんだけど、気分悪くしないでね」

いっしょに二階の部屋へ上がります。

じつは、僕は若いころからアダルトビデオやDVDが大好きで、大量にコレクションしているのです。

「ほら、この人、よく似てるでしょ？」

古いVHSビデオデッキにカセットを挿しこむと、液晶の画面に映し出されたのは松×季実子嬢。百十センチを越える巨乳とふっくらとした女体。そして、ちょっと眉毛が濃いまるい顔は、九〇年代初頭に日本中の若い男どもの心と下半身を癒やしてくれた素敵な女性だったのです。

「へえっ、あたしってこんな感じなんですか」

「雰囲気がね。さてと、僕も風呂入ってくるかな。ゆっくりしててね」

風呂好きな僕はのんびりと湯に浸《つ》かり、一週間分の疲れを落としました。そして思うところあって、こっそりと二階に上がっていき、ソッとドアを開けながら中を窺ったのです。

すると案の定、彼女は画面を凝視しながら右手をジャージの中に入れて、もぞもぞと動かしているではありませんか。

上がってきた僕にまったく気づいていない様子で、頬を赤くし、はぁはぁと息を荒くしているのです。

「どうしたの。観てて興奮したの？」

背後から声をかけると、彼女はびっくりして手を引っこ抜きました。

「べ、べつになにも……」

恥ずかしそうに下を向きます。

「いいから、そのまま続けて。おじさんが見ててあげるから」

「いやっ、でも……やだっ、恥ずかしい」

そう言いつつも、なんと彼女はふたたび手を股間に持っていったのです。快楽の途中で中断させられたのが未練だったのでしょうか。

「いま、そこはどうなってるの。僕にも見せてよ」

僕がジャージとパンティーに手をかけると、彼女は無言で腰を上げました。

そのままスルリと抜き取ると、真っ黒な剛毛が白い肌を覆っています。顔を近づけてみると、独特な色をした複雑な形で二枚重なった秘肉の中が透明の液体でグチャグチャにあふれ、赤く熱を帯びているのです。

僕の脳みそを抑えていた神経がとつぜん切れてしまいました。すばやく舌を挿しこみ、ヌメヌメと舐《な》めまわします。

「だめですっ、ああっ、いやっ……」

女性のここの部分を舐めるのなんて、いったいいつ以来でしょうか。大きく股を開いている彼女の淫靡《いんび》なゾーンで舌を遊ばせていると、だんだんとアドレナリンがわき出し、僕の息も弾んできたのでありました。

「あっ、あっ、だめっ、イキそお。あっ、イッちゃうっ！」

ガクガクと体を震わせながら、彼女がアクメに達しました。

件《くだん》のAV嬢が、ベッドの上に寝転んでいる男優の股間に顔を埋《うず》め、フェラチオをしているシーンが、画面に映し出されていました。

「ねぇ、同じことやってくれる？」

彼女はそれをチラリと横目で見ると、ベッドに寝転んだ僕のハーフパンツとトランクスを脱がしてくれました。

すでに僕のモノはギンギンに硬くなり、ビクビクと震えています。彼女はそれを軽く手でシゴくと、そっと咥《くわ》えてくれたのです。

「おおっ、うまいよっ。ああ、最高だぁ」
ときどき画面を見ながら、同じように丁寧にしゃぶって愛撫《あいぶ》してくれるのです。ヌメヌメと蠢《うごめ》く熱い体温の舌。液晶の画面と目の前の現実を交互に見ていると、なにか不思議な感覚がわきあがってくるのでした。

ちょうど画面では、いままさに男優が挿入しようとして、しかしすぐには入れず、焦らしているところでした。

「裸になってよ。その大っきいオッパイが見たい」

僕は全裸になり、彼女のTシャツとブラジャーをはぎ取りました。ブルルンと巨大な乳房のお披露目です。

ベッドに横たわり、キスをします。

それも長い長い時間をかけ、ゆっくりと唇や舌をついばみながら舌をからませ合い、唾液の交換を楽しんだのです。

中玉のスイカのような大きな胸にしゃぶりつくと、僕は夢中になって舐めまわしました。

胸からわき腹、大きなまるいお腹《なか》へと舌を這《は》わせていくと、クネクネと体をくねらす彼女。その間も、ずっと僕の手は乳房に置いてそのやわらかい触感を楽しんでいました。

足のつけ根にまで到達した僕は、また例の場所へと挑んでいきます。淫液がドロドロの状態になり、白く濁っているそこは、女性特有のいやらしい匂いにあふれ、かなりの熱を帯びていました。

「ああっ、ああっ、気持ちいい……」

中指の先を少し出し入れしながらなおも舐めていると、ブルブルと体を震わせ、またイッてしまったのです。

「そろそろ、いい？」

「うん、入れて、早く。早く入れてっ！」

彼女は僕のモノをギュッと握ると、自分の陰部に押しあてました。

「おお、気持ちいいっ」

一気に根元まで挿入したのですが、その狭さと熱の攻撃にはいきなり圧倒されてしまいました。

「ああっ、いいっ、いいのぉ」

僕のモノは自分でも驚くくらい硬く大きくなっていました。

たっぷりと淫液をまとった肉棒を激しく肉壁に擦《こす》りつけていきます。

「お願い、うしろからして。うしろが感じるの」

大きくまるいお尻をグッとつかみ、ダラダラと滴る淫液をまた擦りつけながら、赤い谷の中に挿しこんでいきました。

「ああっ、すごいっ」

垂れ下がった大きな胸を前後に揺らしながら、彼女はガタガタと体を震わせます。

しかし僕はもう限界が迫っていたのです。

体のわりにはとにかく亀裂の中が狭く、圧迫を加えてくるのです。ちょっと動かすだけで、もう果ててしまいそうになっていたのです。

「ごめん、もうイクよ。もうそろそろ限界だよっ」

「来てっ。最後は思いきり突いてっ」

必死に腰をぶつけていた僕の下半身に、はじめて体験するような快感の波が襲ってきたかと思う間もなく、すぐに大量の精液を彼女の背中に排出していました。

自然の中で酒を飲む楽しさに惹《ひ》かれたらしく、以来、三回ほどいっしょに海で酒を飲み、体も重ねたのですが、彼氏ができたらしく、そのうち連絡が来なくなりました。

おおらかで明るく、天真爛漫《てんしんらんまん》な彼女との交流は、ひとりさびしく暮らす中年独身男に、大きな海のような癒やしを与えてくれたひとときだったのであります。

いつでもいいのよ

東京都・OL・三十八歳

　上京し、女子大に入ったものの、なんのために入ったのかわからなくなり、辞めてしまいました。

ただたんに、大学受験が目的になっていたからでしょうか。受かったら目標がなくなり、続ける意味を感じなくなっていたのです。

ところがいかなる心境の変化か、四十路《よそじ》に近づくにつれ、もう一度大学で勉強してみたくなり、今度は夜間大学に入りなおすことにしました。

しかし、受験用の英語なんて、すっかり忘れています。とりあえず近くの大学生を家庭教師として雇うことにしました。

知り合いの定食屋に「家庭教師募集・夕飯つき」という張り紙をしてもらうと、すぐに数人の応募メールがありました。できたら男子のほうがいいなと思っていたので、最初に面接した田中《たなか》君を採用することにしました。

彼はまじめな大学二年生。背も高く、なかなかのイケメンでした。若い男の子に勉強を教えてもらうなんて、なんだか考えただけでもワクワクドキドキです。週四回ほど彼に教えてもらうことにしました。

とは言え、会社の仕事が終わってからすぐに家庭教師の夕飯の支度をして、二時間勉強をする……そんな生活はなかなか大変でしたが、それなりのお金を払うわけですし、もとを取るためにもしっかりがんばらなければいけません。

やがて数カ月が経《た》つとなんとなく勉強をすることにも、教えてもらうことにも慣れてきました。

その夜、いつものように勉強が終わり、ご飯をいっしょに食べ終わったときのことです。なにげなく彼の太ももに手を置いたとき、彼の股間がもっこりとふくらんでいたのに気がついたのです。

彼もそれに気づかれたことを知り、顔を赤らめてモジモジしていました。

あまりにもそのしぐさがかわいらしく思えて、なんだか急にいじわるをしてやりたくなりました。

「あら、したくなったら、いつでもしてもいいのよ。セックス！」

と、耳もとでささやいてあげたのです。

そんな大胆な言葉を平気で口にした自分にも驚きましたが、それを聞いたとたん、不思議ですが、もっとからかってみたいという気持ちになってしまいました。

「セックス……経験あるの？」

訊《き》いてみると、彼はますます顔を赤らめました。そして耳まで真っ赤にしながら、口にしました。

「じつは……まだ、なんです」

私の体は、その言葉に反応しました。

ふうん、まだ童貞で、どの女にも触られたことがないオチ×チン……。

そう思っただけで、私の下半身がキュンと疼《うず》き、ジワジワと濡れはじめたのです。

「そう、なんだ。勉強、教えてもらっているから、それくらいならお返しできるけど……」

またまた大胆な言葉を言ってしまう私。

それにセックスしようよと自分から誘っているようで、急に恥ずかしくなってきました。でも、いまは彼のオチ×チンを触ってみたい、見てみたいという欲望のほうが強くて、催促するように彼のほっぺに軽くキスをしてあげました。

するとそのとたん、彼の股間にできたテントがさらに高くなったのです。

「ううう……痛い……」

どうやら、ズボンの中のものが大きくふくらみすぎてしまったようです。

ズボンのチャックを下ろそうと手を伸ばしました。

「ダメ……ダメです。そんなこと、いけません」

と、彼は抵抗します。

なんて、かわいいんでしょう……。

もう、ほっておけません。

急に彼がとってもいとおしい人に思えてきて、そして同時に、彼が欲しくてたまらなくなってきました。

「ちょっとだけ、ちょっとだけ見せて……」

と、私はまるでいやらしいオジサン状態です。

私は強引にズボンのチャックを開けて、パンツを下げました。すると中から、元気なオチ×チンが勢いよく飛び出してきました。

しかも、先っぽからは透明な粘液がトロトロとあふれ出ているではありませんか。物欲しそうに私を見ながら、ヨダレをタラタラと垂らしているのです。

思わず、ゴクンと生唾を飲みこみました。

なぜなら、私にとっては久しぶりに見るオチ×チンでしたから。考えてみたら、男と別れて約一年、見たことがなかったのです。

目の前にあるオチ×チンは興奮状態にあり、ユラユラと揺れています。しかも若くて、ピチピチしていて、やや右側へと反り返っているのです。

「触っていい？」

コクンとうなずく彼。

私は片手でオチ×チンの根元を握ってあげました。

「あ……あ、あああ……もう、もう、すごく気持ちいいです……」

彼の小さな呻《うめ》き声が聞こえてきました。

「そうよ。触ってもらうのって、とっても気持ちいいのよ。いまからもっと気持ちよくさせてあげる」

先からあふれる液体を、手につけるようにしてしごきはじめます。根元から亀頭へと擦《こす》りあげると、たった二、三回擦っただけで彼のものは大爆発。

「う、う、ううぅ……」

大量の精液が私の服に降りそそぎ、懐かしい、あの若草にも似たニオイが漂いはじめました。

「あ、ああ、すみません、服を汚しちゃって……」

「いいのよ、先生。体液だもの。ちっとも汚くなんかないわ」

私がそう言ったとたん、たったいま発射して、しぼんだばかりのオチ×チンがまた、ムクッムクッと大きくなってきたのです。

若いってすごい！　やっぱり、体力があるんだわ……。

目の前にギンギンに勃起したオチ×チンを見て、感心しました。

「舐《な》めてもいい？」

オチ×チンの根元をそっと握って訊《たず》ねます。

彼がコクンとうなずくのを確かめて、私は舌を伸ばして亀頭部分を舐めあげます。

まるでアイスクリームを舐めるように……。

次に口を開いて、彼の目を見ながら口の中に含みました。

口の中で舌をからませると、またいちだんと大きくなってきたのがわかります。舌先で念入りに舐めると、根元までズルンと喉奥へと滑りこませました。

クチョ……クチョ……ジュルッ、ジュルッ……。

そんないやらしい音が、静まり返った部屋に響きはじめました。

「おいしいっ！」

オチ×チンから口を離して彼を見ると、彼の目はいやらしい目つきに変わっていました。私の口もとをじっと見つめています。ときどき口がヒクヒクと動き、そこからは声にならない言葉が出ているようです。

低い呻き声をあげたと思ったら、それはだんだんと大きくなり、

「あああ……もうダメ、また、また出ちゃうよ……あああ」

その瞬間、私の口の中に精液が勢いよく発射されたのです。しかも大量。さっき出したばかりだというのに、口からあふれんばかりの量です。

私はそれをゴクンと飲みほしました。

ひと休みしたあと、彼はシャワーを浴びたいと言いはじめました。

今日は遅くなってしまったので、いまからでは銭湯に行けないというのです。

彼をシャワールームに案内し、その間、なんだか悶々《もんもん》とした時間を過ごしました。

彼がバスタオルを巻いて出てきたので、缶コーラをさし出しました。

「今日は、本当にすみませんでした。なんて言うか……そのぉ……」

「いいの、気にしないで。明日も時間があったら十九時ごろ、来てほしいんだけど。これからはシャワーもつけてあげるから」

「え、ほんとですか。じゃあ、明日も来ます」

笑顔で彼はいつものように、なにもなかったような顔をして帰っていきました。

翌日、私は退社時間が近づくと、なんだか妙に落ちつかなくなっていました。

彼の元気なオチ×チンを思い出すたびに、どうしても股間が疼いてしまうのです。

とうとう我慢できずに、トイレに駆けこみ、彼のオチ×チンを思い浮かべながらオナニーをして、なんとか落ちつかせました。

帰宅すると、すぐに彼がやってきました。

抱きついて体を密着させると、予想どおり、彼の股間はすでに硬くなっています。

「ね、昨日の続きするんだよね？」

股間を押しつけて、刺激を与えながら誘います。

彼は黙ってコクンとうなずきます。ズボンの上からオチ×チンに触ると、彼の息遣いがとたんに荒くなりました。彼も期待していたのです。

寝室に彼を誘いました。彼はモジモジしながら私のあとについてきます。

ベッドに入り、お互いに服を脱ぎ合いました。なんだか恥ずかしい気がして、思わず目を合わせて笑ってしまいました。

彼のオチ×チンは昨日と同じくらいギンギンに勃起していて、先端はもうヌルヌルでした。私のアソコも同じくらい愛液があふれていて、準備万端です。すぐに挿入したい気もしますが、ゆっくりと楽しみたくて、彼のオチ×チンを握りしめました。

「すっごく、硬くなってるね。昨日より、カチカチみたい……」

彼の目を見つめ、そのままじごきはじめました。そして唇を重ね、強引に舌をからめていきます。

そのとたん、彼のオチ×チンは私の手の中で爆発してしまいました。

「ああああぁ……」

舌をからめた喉の奥から絞り出すような声が聞こえてきます。

「どう。気持ちいい？」

「すっごく、いい。気持ちいいっ」

「じゃ、もっと気持ちいいことしようね」

手の中に発射された精液をティッシュで拭き取り、小さくしぼんだオチ×チンを口の中に含みました。残っていた精液がトロリと出てきます。私はそれをペチャペチャと音をたてて舐め取ると、昨日同様すぐにムクムクとふくらみ、あっという間に口の中が窮屈になりました。

彼の味はほんのりとした甘みが感じられ、男くささはさほど感じられません。

ゴムをつけてあげ、そのまま私は騎乗位で彼のオチ×チンの先を膣口にあてがいます。

「いい？」

腰を沈めると、硬いオチ×チンがヌルンと入ってきました。

ギシッ、ギシッ……ミシッ、ミシッ……。

腰を使うと、ベッドが揺れて音をたてはじめました。

でも、奥まで入れて腰をグラインドしたとたん、彼はまたイッてしまったのです。

「す、すみません」

「大丈夫よ」

そっと抜いて、ゴムを取りかえ、少し休憩を取ります。今度は正常位で試してみることにしました。

彼は覚えがよく、その日のうちにセックスのコツをつかみ、何度か試すと、私の体を喜ばせるほどに上達したのです。

擦りすぎたようで、翌日は私のアソコはヒリヒリしていました。そんな状態でも、彼とまたしたくなって「今夜も来てくれる？」とメールすると「はい。いつもの時間に……」と、すぐに返ってきました。

以来、毎日毎日、彼とセックスする日が続きました。半同棲《どうせい》といった感じの生活を続けるようになったのです。

セックスをすればするほど、私は彼に夢中になってきました。年の離れた若い男とのセックスは楽しく、そして満足するものでした。

休みの日は、朝からずっとセックスしました。そして、しているところを録画してみたり、夜中に公園でしてみたり、あらゆることをやって、ふたりで楽しんだのです。

半年くらい経ったころ、仕事帰りに彼を近くの駅で見かけましたので、声をかけようとしたとき、彼の横に女がいるのに気がついたのです。

年は彼と同じくらいでしょうか。親しそうに寄りそっているのを見て、彼女ができたことを知りました。

なんだかうれしいような気もしましたが、反面、彼を奪われたような寂しさもこみあげてきました。

その夜、彼にメールをしてみますと、すぐにいつものようにやってきました。

彼女ともセックスをしているのでしょうが、そんなことはどうでもいいのです。私専用のものではなくなりましたが、たまにセックスできればそれでいいのです。もともと私たちは割りきった関係なのですから。

けっきょく、彼とのセックスに明け暮れて途中から勉強にも身が入らなくなってしまいました。これでは来年の大学受験は無理でしょう。再来年をめざして、別な家庭教師の募集をしてみようかと思っています。

若くてウブそうな男のコに出会えれば、こんなにいいことはありません。

勉強とセックスを教え合いながらがんばれば、これこそお互いにとって一石二鳥だと思えるからです。がんばります。

戻ってきた女

兵庫県・会社員・五十八歳

五年前、市のボランティア活動で介護の資格を持つ人妻、圭子《けいこ》さんと知り合った。キリッとした眼《め》と口もと。ジーパンにポロシャツ姿なのにどことなく品がある。そして、四十五歳とは思えぬ若々しさ……私には、百点満点の女性だった。

介護はストレスがたまる仕事だと、ときおり見せる疲れた眼がセクシーで、ストレス発散を望んでいるように見えた。そして彼女がご主人の不満を口にしたとき、私はそのストレスの原因が仕事のせいだけではないと直感した。

口説いたり誘ったりの面倒な手順もなく、一カ月後には、必然の流れだったかのように圭子さんとベッドをともにし、熱い時間を楽しんでいた。

私とセックスするようになってから、ご主人の淡泊さを実感したらしい。いままでご主人しか知らなかったので、ほかの男のスケベ加減を知り、驚いたと言う。

「主人はあなたみたいなエッチな人じゃないから」

「それって、褒め言葉？」

「もちろんよ。感謝してるんです」

圭子さんはイクことを知らなかった。絶頂なんて、レディースコミックの世界だけだと思っていたそうだ。

圭子さんへは、私への奉仕よりも、自分が気持ちよくなることだけを考えるよう教えた。そのかいあって、半年ほど経《た》ったころには絶頂を欲しがる女へと成長していた。

そんな彼女が好んだのが、私の顔にまたがってクリトリスを舐《な》めてもらうことだった。四十五歳には不釣合なほど張りのある乳房を揺らして喘《あえ》ぐ。

「クリが、前より大きくなったんちゃうか」

「誰のせい？」

「自助努力やろ」

「努力……私は被害者ですから」

「え、積極的な被害者やな。俺の顔にオ×コ押しつけてるくせに」

そんな言葉遊びが彼女の絶頂を誘引。私の顔の上で、ブルブル震えて果てるのもいつものことだった。不倫を通り越し、互いが必要不可欠な存在となり、月に二回は快感を貪り合っていた。

セックスが充実したせいか、彼女はさらにきれいになったし、女性的魅力も増した。それがうれしくて、もっと磨きたくなり、オモチャやセクシー衣装もそろえて楽しい時間を過ごす。

デートの日が待ち遠しく、ホテルの部屋に入ると、ドアの鍵を閉めるのももどかしいほど抱き合ってキスを交わす。

にもかかわらず、シャワーを浴びるときには、私の前で裸はおろか、下着姿になることもない。

それが彼女のポリシーなのだろう。バスルームで脱衣し、脱いでたたんだ下着も私からは見えないようにしていた。

シャワーを終えて私の待つベッドに上がるときもバスローブのままで、自分から脱ぐことはない。

セックスのあとも、バスローブを羽織ってベッドを降り、シャワーを浴びてすぐに服を着る。

ベッドでの大胆さと、ベッド以外での慎み深さ。その、あまりにも極端なギャップが圭子さんらしい。

互いがセックスレス夫婦なのをいいことに、剃毛《ていもう》し合い、つるつるの性器を舐め合うのがふたりの楽しみであった。

未熟なフェラチオだが、そんな奉仕までしてくれる圭子さんがかわいく、私は満足していた。

こんなに楽しいセックスが三年続き、この関係がバレないように、そしていつまでも続くようにと願っていた。そんなころ、とつぜん圭子さんが転職すると言い出した。

「私、いまの会社を辞めようと思うんです」

聞いてみると、同じボランティアグループにいる還暦前後の男の仕事を手伝うことになったと言う。

彼は障害者支援会社を経営しており、有資格スタッフを探していたらしい。

「条件もいいんです」

いやな予感がしたが、圭子さんの収入が増えるのは悪いことではなく、反対はしなかった。

「わかった。でも……デートする日だけは確保してくれよ」

「はい、もちろんです」

翌月から圭子さんは彼の会社で働きはじめた。しかし、かなり忙しくて、休みが取れないと、ＬＩＮＥで知らせてきた。

休日がないのは労働基準法違反だと伝えても曖昧な返事しか帰ってこず、軌道に乗るまでの我慢ですと書いてあった。

いろいろと相談を受けることもあるので、ＬＩＮＥだけの関係でも続けておこうと考えていた。しかし、そのＬＩＮＥが来る頻度も下がり、一カ月に一通ほどになった。

そんな状態が三カ月ほど続き、残念だが、圭子さんとの不倫をあきらめた。

楽しかったセックスを思い出し、圭子さんを抱きたいと思う日もあったが、次第に彼女への思いも薄れてゆく。

会えなくなって二年後、圭子さんから一通のＬＩＮＥが届いた。久しぶりにランチでもしないかとの誘いだった。相談したいことがあるそうだが、どんな相談なのかも確かめないまま、私は翌日、待ち合わせの場所に向かった。

「久しぶりやな。元気にしてたか？」

「はい。じつは……私、お仕事を辞めたんです」

聞けば、一カ月前に社長だった例の男が急逝し、会社が消滅したのだと言う。

「お給料はすごくたくさんもらってたんですけどね」

国や自治体からの補助金というカラクリをうまく使い、仕事量に見合わない利益を上げていたらしい。

「ウサンくさいやつだったからな、アイツは……」

「へぇ、そんなふうに見てたんですか。鋭いですね」

アイツがボランティアに顔を出していた理由は、そこに来る女性は福祉の資格を持ち、やさしい性格で、自由な時間のある人が多いので、そんな人を物色するためだったようだ。

「その毒牙にかかったんだな」

「毒牙……ヘッドハンティングですよ」

「で、アイツにかわいがってもらってたのか？」

「そんな……」

圭子さんは笑って否定したが、以前のような純な笑顔ではなかった。

そして先週から、別のデイサービス会社で週に四日働いていると言う。

「今日は休み？」

「今日と明日は休みです」

「じゃあ、久しぶりに時間をくれへんか」

「いいですよ」

この関係ももう終わったと思っていたが、意外と簡単に復活した。

だが、ホテルには入ったものの、二年前のように部屋に入ってすぐに抱き合うこともできず、互いに探るような、気まずく、恥ずかしい空気が漂っていた。

「シャワーを浴びてくる」

お茶を用意する圭子さんを置いて、私だけバスルームへ向かう。

シャワーを終えて出てくると、圭子さんが下着姿になっていた。以前なら、私の前で下着姿など見せなかった彼女が……。

「私も浴びてきます」

そう言って立ちあがると、私の前でブラジャーをはずしてショーツを脱いだ。下着をたたんで台に乗せ、バスルームへ消える。

いったい、この二年の間になにがあったのだろう。あの慎み深さはどこに捨ててきたのか……。

まもなくバスローブを羽織って出てきたが、ベッドに上がる前にバスローブを脱ぎ捨てた。そんなことはぜったいしなかったのに、ずいぶん大胆になったものだ。

「二年も待たせたぶん、今日は激しいぞ」

熱いキスに、彼女も激しいキスで返してくる。前は自分から激しいキスをすることはなかった。

いったんベッドから降り、彼女の足下から股間に顔を突っこんだ。陰毛が明らかに短い。アイツが剃《そ》っていたのかも……と思うと、思わず嫉妬心が湧きあがってきた。

体を起こしてシックスナインに移り、圭子さんは私のペニスを口に含んだ。亀頭を舐めまわす舌の使いかたがうまくなっただけでなく、両手で睾丸《こうがん》を包むように触っている。

しかも私の尻穴に指を這《は》わせながら、睾丸を舐めたり吸いこんだりも……。

そんな性技は教えなかったし、させたこともなかった。

間違いない。圭子さんは、アイツにしこまれている。

私はそのことには触れず、正常位でつながって、乳首を強く摘まんでみた。

喜んでいる。

後背位で腰を使いながら、尻をたたいた。赤くなるにつれて声が大きくなった。

唾をつけた親指を、圭子さんのアヌスに入れてみる。

「あん、あああん」

彼女の喘ぎが高まった。

以前ならいやがっていたことすべてが、快感に変わっているようだ。

破裂しそうなほどふくらんだ嫉妬心から、圭子さんを痛めつけるように激しく突きまくった。だが、彼女にとってはそれがよかったようで、大きな声で快感を訴える。

「イク、イクーッ、イ、イッてもいいですか」

以前はイッていいかなどと聞くことはなかった。

「いいぞ、イケ！」

さらに激しく突きまくる。

「突いて、突いて、もっと突いて」

そんなことまで口にする女になっていたのか……。

「なんで突いてほしい？」

「チ×ポで……」

小さい声でそう答えた。

そんな隠語など、圭子さんの口からはじめて聞いた。

「イクッ、イキますぅ、ううぅ」

跳ねるように上下している尻をさらに突きつづける。

「ダメッ、またイキます、イックゥ……」

彼女が二度目のアクメを迎えた。

ところが、私は快感が遠い。前はお気に入りのこの体勢で容易に射精できたのに、膣がゆるくなっているのだろうか。

だが、なんとしても射精したい。圭子さんのアヌスに親指を深く突き刺したまま、猛然と腰を使った。これも彼女にとってはうれしいことだったのか、三度目のアクメを叫ぶ。

ようやく私にも射精感が訪れた。

「イクぞ、出すぞ！」

「ああ、ください、圭子のオ×コにください！」

その淫らな言葉がトリガーになり、私は二年ぶりに彼女の中に精を放った。

しかし、しこまれた圭子さんと、しこんだアイツに対するモヤモヤ感は残った。さらに、ペニスへの快感が薄かったのと、射精までの時間がかかりすぎたのが気になる。

「アイツとはやりかたが違うか？」

耳もとで意地悪く囁《ささや》くと、圭子さんはビクッとして頭が少し動いた。

しばらく返事をしなかったが、観念したように小さい声で白状する。

「わかるんですか？」

「下品な女になったからな」

「下品……ですか？」

「うん。以前なら俺の前で平気で裸にならなかったし、下着をその辺に置く女じゃなかったからな」

「……すみません」

神妙な顔をして小さくなっている。

「この先のことは、少し考えさせてくれ」

そうは言ったが、考えることなどない。彼女に負い目を持たせるための芝居だ。

もともと、ご主人を裏切って私と不倫したのだ。いったん経験すれば、貞操観念が薄まるのは自然の流れ。今後も私以外の男とセックスをするだろう。

だが、彼女を手放すのは惜しい。暗闇に追いこんでから、温かい光を灯《とも》してやろう。

そう考えて、圭子さんに問いただしてみた。

「アイツはオ×コの毛を剃ってるのを見て、喜んだやろ」

「はい」

「アイツとはどんなセックスしてた？」

「……SMみたいなことが多かったです」

言いよどみながら、小さな声で答える。

「たとえば？」

「浣腸《かんちょう》されたり、お尻でされたり」

「縛ったりも？」

「それもありました」

膣がゆるくなっている原因も確かめたかった。

「いろんなものを入れられたりしたか？」

「はい。太いものを入れられました」

「どんなものを？」

「あれ」

彼女が指さしたのが、ホテル備えつけの電マだったのには驚いた。

「ほかには？」

「うう、手……」

「手……これか？」

こぶしを見せると、小さくうなずいた。

「そんなことまで……」

彼女は身を固くしたまま、涙を流している。これ以上責めると逆効果だ。そろそろ希望の火を灯してやったほうがいい。

やさしく抱きしめて、キスをした。

よその飯を食った、いや、よその精液を飲んだ女が、成長して帰ってきた。手間が省けたと思えばいい。

「もう、よそに行ったらアカンぞ」

「はい」

「ほな、誓約書を作ろうか」

私は圭子さんの股間に吸いつき、キスマークをつけてやったのだった。

街のあかり――大阪府・会社員・五十四歳

八〇年代後半、私は新卒で地方都市の会社に就職した。

大企業ではなかったが、社員旅行などの福利厚生がしっかりしていて、雰囲気のよい会社だった。

特に若い社員たちは健康保険組合の野球大会やスキー旅行にも参加していて、仲がよかった。

入社して四年半。私はその会社を辞めて、東京の会社に転職することにした。

学生のころに希望した会社だったが、運悪く、その年は社員募集していなかった。

ところが、ここにきて中途採用の募集を出していたので、試験を受けて合格したのだ。

退職を会社に伝えると、同期入社の武田《たけだ》君と仲がよい先輩社員の吉本《よしもと》さんが「海《かい》条《じょう》クンの送別会とは別に、ワリカンで食事に行こう」と誘ってくれた。

経緯《いきさつ》はよく覚えていないが、週末に隣の市にあるステーキ屋に行くことになった。その話が口伝えにひろまり、同期も含めて男性三名、女性五名の社員が参加することに。送別会前夜祭となり、ほとんどイベント扱いである。

八名ということで、私と吉本さんが車を出すことになった。

吉本さんは車好きで、いつかは欲しい国産「3ナンバー」の上級セダンに乗っていた。

私も車好きで、コンパクトなスポーツタイプの車が欲しかったが、独り暮らしで社会人なりたての身では中古がせいぜい。吉本さんのツテで若葉マークが乗るには大きすぎるファミリーセダンを購入し、乗りつづけていた。

終業後、参加メンバーは二台に分乗してステーキ屋に向かった。

週末ということもあり、みんなはドライバーの気持ちも考えず、アルコールを注文する。まあ、私はあまり飲めないので、雰囲気だけでも構わないのだが、やはり口が寂しい。

賑《にぎ》やかだった食事が終わると「カラオケでも」と話が出たが、私は翌日に引っ越しや車を売る準備があったので、それはやめてもらった。

送る方面別に分かれて二台に分乗した。私の車には同期の女性社員森《もり》さんと井仲《いなか》さん、先輩女性社員の加瀬《かせ》さんが乗りこんだ。

先にいっしょのアパートに住んでいる森さんと井仲さんを送ってゆく。

「今日はありがとう。おやすみ」

アパート近くで降りたふたりに声をかける。

「おやすみ。送り狼《おおかみ》にならないでよ！」

笑いながら、森さんが挨拶した。

「え、俺、襲われちゃうの？」

と言うなり

「誰がじゃ、コラッ」

助手席から加瀬さんが、私の頭に脳天チョップを食らわした。

入社当時、加瀬さんはちょっと当たりが強い人だなと思っていた。

半年くらいして、地域のお祭りに会社が模擬店を出すことがあった。

新入社員と言っても、六名しかいなかったが、中心で準備をするのが慣例で、リーダーとして先輩社員の加瀬さんが任命されていた。そこから話をする機会が増え、仲もよくなっていた。

六歳年上の加瀬さんは結婚していないのが不思議なくらいに容姿端麗。仕事もできた。身長は背が低めの私と同じくらいあるので、社内でもヒールを履かれると完全に見おろされてしまう。

就業時から食事中まではまとめていた髪を、いつの間にかおろしていた。ウエーブがかかった黒髪は肩よりも長かった。

じつは、そんな加瀬さんに、高校時代にあこがれていた女性教師の姿をダブらせてしまうこともあった。


「せっかくだから、ドライブしよ!」

車を発進させると、加瀬さんが陽気に言った。

「いいんですか?」

「どうせなら、夜景のきれいなルートがいいな。ゴーゴー」

アルコールが入っているせいか、妙にハイテンションだ。

とは言え、どこに向かうか……。

頭に浮かんだのは、以前に吉本さんの車で走りに出かけたとき、

「ここからの夜景はきれいだから、彼女と来たらいいぞ」

と教えてもらっていた、あまり知られていないポイント。

向かうルートも広い道で走りやすい。夜のドライブには最適だった。

八〇年代の好景気で、小高い丘を造成して住宅地を作っている区画だった。幹線道路からはずれての区画に向かう道路はまだ細く、バリケードで封鎖しているだけだったので、簡単に入りこむことができた。

バリケード前でいったん車を停《と》めてバリケードを移動。ふたたび車を動かしては停め、バリケードを閉じる。

道路と区画整備だけされ、まだ住宅が建っていない造成地は、人っ子ひとりいない静寂な空間。電気もまだ通っておらず、街灯はおろか、電柱も立っていない。

車のライトだけを頼りに高台にまで行き、助手席側の窓から夜景が眺めやすい位置に車を停めた。

周囲が暗闇なだけあって、街のあかりと星空がきわだち、それは見事な景色だった。

住宅が建ってしまうと、ここまで広角で夜景を見ることはできないだろう。

「わっ、きれい。こんな場所、あったんだね」

加瀬さんがはしゃいで、感嘆の声をあげた。

ドライブ中は転職の経緯やら新しい会社の仕事内容やら根ほり葉ほり聞いてきた加瀬さんだったが、夜景に見入っているのか、次第に口数が減ってきた。

ふたりだけの空間になってしまうと、妙な照れが出てしまう。

カップルがこんな状況に置かれたら、普通ならキスのひとつやふたつはとうぜん。その先まで行ってしまうだろう。

私は学生時代に彼女と別れて以来、肉体関係になるような彼女はいなかった。

私の内心はもう夜景どころではない。

こんな状況でキスしなかったら、逆に失礼かな。

いやいや、向こうはそんなつもりはないかもしれない。キスでも迫ろうものなら、激怒されるかもしれないと、考えが交錯する。

ふだんから加瀬さんはガードが固く、男性のあしらいがうまそうに見えていた。

私の荒い呼吸が、加瀬さんに聞こえてしまうのではないかと心配になる。

もう長い時間こうしていたのか、まだそれほど経《た》っていないのか、時間の経過がだんだんわからなくなってきた。

そんなとき、助手席から夜景を眺めていた加瀬さんが不意にこちらを向き、上目遣いで私を見つめた。

闇に目が慣れてきていたので、彼女の甘えるような表情も見て取れた。

心臓の鼓動が急激に速まる。

顔が火照っているのが彼女にバレやしないだろうか。

本能的に助手席側に手をまわし、加瀬さんの体を引きよせた。抵抗を感じず、すっと私の肩に軽く加瀬さんの顔がもたれかかってきた。

顔が向き合った瞬間、唇を重ねてしまった。

唇のやわらかさ、そして口紅の味……。

ご無沙汰していた感覚が、蘇《よみがえ》ってきた。

そうなると、もう止められない。

舌をからませながら、加瀬さんの息を感じ、匂いを感じた。彼女も積極的に舌をからませてきた。

「責任とか、考えなくていいから……」

加瀬さんが呟《つぶや》いた。

この瞬間、カァッと股間が熱くなるのを感じた。股間にこんな熱を感じたのは、あとにも先にもこれっきりだ。

ふたりの間にあるサイドレバーが邪魔になる。

右手を伸ばして助手席のシートを倒し、そのまま体を助手席に移動させ、彼女に覆いかぶさった。狭い。

自分の唇を彼女の耳下の首すじに移す。

「はぁっ……」

急を突かれたのか、加瀬さんの口から小さく声が漏れた。

加瀬さんは柄のブラウスの上にカーデガンを羽織り、プリーツのロングスカートという姿だった。

私の右手は彼女のブラウスの上からブラジャーをまくりあげ、薄い布一枚へだてて彼女の乳房を撫《な》でた。

「ブラの上から揉むとワイヤーが痛む」

と、以前つき合っていた彼女に注意されたことがあるからだ。

体勢が悪いので、左手はシートに肘をついて自分の体を固定させなければならない。ふたりの熱が高まってきた頃合で、体を後部座席側に少し移動。運転席のシートを倒してみたが、ベッドのようにはならなかった。

ブラウスのボタンをはずすと露《あらわ》になる乳房……。

「やン」

両手を交差して、胸を隠される。

年上の加瀬さんが妙に子供っぽく見えて、かわいらしかった。

胸を隠した両手を持って、バンザイ状態に固めた。解放された彼女のワキを舐《な》める。体質なのか気をつけているのか、ワキは臭《にお》わなかった。

長袖を着る季節になっても手入れはされていた。ジョリッともしなかったので、退社前かレストランでの化粧直しの際に手入れしたのかもしれない。

私も女子が来るので、退社前に武田君といっしょに会社のトイレで髭《ひげ》を剃《そ》っていた。

ワキから顔を上に向けて、乳房に唇を当てる。

巨乳ではないが、ペッタンコでもない。手のひらをかぶせて少しあまるくらい、そこそこの大きさだった。三十二歳ではあるが、乳房にはまだ張りがあった。乳輪の色は濃いように見える。

「小さくってごめんね」

「そんなことないです。思ったより大きいですよ」

と言うなり、

「コラッ」

今度は下から脳天チョップが飛んできた。

「思ったよりってなによ」

また両手で胸を隠されてしまった。

事実、会社ではさほど胸が大きいようには見えていなかった。いや、細身の体で貧乳だろうと思っていたほどだ。

当時はまだ「寄せて上げるブラ」はなかったように記憶する。それだけに「思ったより」どころか、想像をはるかにうわまわっていた。

「ホント、好みの大きさですよ」

正直な感想を言って、軽くキスをする。

「ホントかなぁ……」

そう言いつつも、胸の前を覆っていた手が両脇におろされた。

加瀬さんの肌から放たれる汗と香水が混じった匂いも、不快どころか興奮材料でしかない。

すでにトランクスの前が、ガマン汁で濡れている感触を覚えていた。

硬くなった加瀬さんの乳首を左右交互にしゃぶりながら、ブラウスの袖ボタンをはずし、カーデガンごと脱がせた。

口は乳房を攻めながらも、手を伸ばしてロングスカートの裾をまくりあげ、パンストの上から滑らせるように、モモへと進入させる。

内モモを撫でながら、上に上にと手を進める。早く足のつけ根まで到達したいが、内モモをサワッサワッと触れてじらす。

そのたびにビクンと体を刻ませる加瀬さんの姿にも興奮を覚えた。

ついに足のつけ根に右手の指がたどり着いた。

パンストの上からでも湿り気がわかった。

いったん手を引いて、加瀬さんのスカートのジッパーをおろして脱がせる。

パンティーとパンストだけの姿は全裸よりも興奮する。こんな破廉恥な姿の加瀬さんを見られるなんて感激だ。

加瀬さんの姿を眺めつつ、自分もシャツを脱ぐ。セダンでも、シートの上に膝立ちすれば天井に頭がついてしまう。ズボンを脱ぐときはもっと大変だ。膝立ちのままベルトをはずしてみるが、いったん横になったほうが脱ぎやすかった。

体勢が苦しく、足の指がつりそうになる。カーセックスをしている人たちは、流れの雰囲気を崩さないで、どうやって脱いでいるのだろう。

危ないので車のエンジンを切ったが、寒さは感じないほどふたりは熱気を帯びていた。

彼女よりも先に全裸になった。膝立ちしているその股間には、鋼のバネでも入っているかのようなペニスが、割れた腹筋につかんばかりにそそり勃《た》った。

加瀬さんの腰に手をやり、パンストを脱がす。

すっと軽く腰を上げてくれる加瀬さんに、慣れているなと感じさせられた。

まるめるようにパンストを脱がすと、足フェチの私は、ふだんは見ることがない彼女のナマ足を堪能《たんのう》するために、ふくらはぎからモモへと舐めあげた。

パンストの張りがなくなったことで、やわらかくなった両モモの間に顔を埋《うず》める。

極楽。快楽。

顔を上げると、パンティーの奥から女の匂いがむわっと放たれていた。

にゅるり。

「あぁッ」

中指一本をパンティーの内側に滑りこませると、加瀬さんはいままでにない大声をあげた。指の周囲はぬるぬるっとした液で満たされていた。

ああ……この汁を思いっきり吸いたいッ。

同系色の柄が入ったオシャレなベージュのパンティーに手をかけるや、一気に引きおろした。

そこには、長時間押しつけられて不規則に波打った陰毛が現れた。

グロいな……。

女性器を見るのははじめてではないが、正直そう思った。

しかし、グロくても魅惑的である。いやではない。

私がパイパン好きになったのは、このときの体験が原因かもしれない。

加瀬さんの両モモを抱きあげ、魅惑の谷間に口を押しあててゆく。

「ダメ、シャワーしてないから」

そう言いながら、股間を隠そうとする手を押しのける。

「いいの。これがおいしいんだから」

自分の性癖を暴露してしまった。

「恥ずかしいじゃない」

「いまさら？」と思いつつ「とっても素敵」と愛液を舐めるのをやめなかった。

舐めても舐めてもあふれ出てくる愛液が、車の座席シートを濡らしはじめる。

シミにならないように、あとで拭かなきゃと、妙に冷静な自分がいた。

もう我慢できない。

いざというときのために持ち歩いていたスキンを取り出す。この年代の男子はみんな秘密裏にスキンを持ち歩いていた――ような気がする。

「スキン、つけますね」

安心させるために言う。これから「挿入する」と言っているのも同然だ。雰囲気を壊してしまっただろうか。

息荒く横たわっている加瀬さんが小さくうなずいた。

あらためて加瀬さんとキスをする。軽く、軽く。そして、飢えていたように舌をからませ合う。加瀬さんのアルコールまじりの息が、私の肺に流入してくる。

体を上げて加瀬さんのモモを抱えこむ。

片手でそそり勃つペニスを持ちつつ、加瀬さんの挿入ポイントを探る。

にゅぐっ。

「痛ッ」

加瀬さんが小さく声をあげたので、下手だったかなとヒヤリとしたが、

「大丈夫。久しぶりだったから……」

加瀬さんのほうからフォローがあった。

「そうか、久しぶりなのか……」

妙なうれしさがあった。かく思う自分も、そうとう久しぶりである。

「なんか、恥ずかしいな」

照れたようにそう言う彼女が、さらにかわいらしく見えた。

「そんなこと言われると、こっちも恥ずかしいですよ」

まずは、大きくひと突き。

「ひあぁッ」

加瀬さんが車外まで響くほどの大声をあげた。

「ごめん。声、大きかったかな」

加瀬さん自身も気づいたようだ。

「大丈夫ですよ。そこは気にしないで」

とは言いつつも、そんな大声あげられて大丈夫だろうかと、内心ひやひやしていた。ふたりとも裸になってしまうと、こんなときに誰か通りやしないかと気になってしまう。もちろん、ドアはロックしてある。

交通が遮断されている住宅造成地ではあるが、自分たちと同様に車やバイクが入ってこないとも限らない。外の様子も気になり、たびたび窓の外に目をやってみた。だが暗闇があるだけで、光が向かってくる気配はない。

屋外の車の中でセックスしているという背徳感が、興奮をあおった。

正常位で突いていると、次第に加瀬さんの体が後部座席の背もたれに上がってゆく。最終的に抱き合う座位になってしまった。なかなか難しい。

いったん抜いて、加瀬さんに後部席のヘッドレストを抱えこむような体勢になってもらう。

四つん這《ば》いになった加瀬さんが、ウエーブのかかった髪を左手でかきあげて右肩側に寄せた。

髪がはずれた加瀬さんのほっぺにチュッとキスしてからうしろにまわり、両足をひろげた。

露になった魅惑の谷間は透明の愛液だけでなく、白濁した濃い愛液まみれになっていた。

にゅる。

ペニスではなく、舌を挿しこんだ。

「あッ、恥ずかしいことばかり……」

「入れると思ったでしょ？」

「………」

「だって加瀬さん、いじわるするとかわいいんだもん」

とてもふだんは「かわいい」なんて、本人には言えない。心も開放的になっている。

さらにそのまま続けていたら、自分が終わってしまうので、下半身の休憩も兼ねていた。

両手で大陰唇をひろげ、ヒダからクリちゃんまで吸い、舐めつくした。勢いに乗って、わずかばかりの陰毛が生える肛門までも舐める。キュッと閉まる肛門のシワ。

「あっ、そこはやめて。お願いッ」

片手で肛門を塞いでくる。

会社ではそんな「お願い」なんて懇願のされかたをされたことがない。

だが、遮っている加瀬さんの手を押さえつけ、肛門を舐めつづける。

「もう……」

観念したのか、図星だったのか、手がおろされた。

アナル舐めをされたのは、はじめてだったのだろうか。はじめてを奪うのは、優越感がある。それとも、シャワーしていなかったからか。

両手でお尻を鷲《わし》づかみにして、肛門から谷間、谷間から肛門を舐めまわす。

この地から去る自分にとって、最初で最後の交わりになるだろう。年上女性の加瀬さんの体をすみずみまで堪能したいという思いが強くなっていた。

ひと舐めするたびに、加瀬さんは「ヒュッ」と息を吸い、吐く息が乱れる。

あまりしつこくならないようにして、クンニを終わらせた。

手をそえて上向きにそそり勃ったペニスを水平にし、加瀬さんの体の中に突きこんだ。

「はあああぁっ」

彼女が首を大きくうしろに反らせた。

背後から抱えこむ体勢になり、両手で彼女の乳房をすくいあげた。たぷんとした感触が、手のひらに乗っかってくる。

中指と人さし指の間で乳首を挟んでクリクリしながら腰を動かす。彼女の唇から官能的な声が車内いっぱいに放出された。

その声を聞いた私もスキンの中に放出。

それにしても、男が射精しているときはヘン顔になってしまうのはなぜだろう。

バックの姿勢なのでヘン顔を気にせず、加瀬さんを抱きしめながら、ビクンビクンと放出する余韻に浸ることができた。

まだ硬さの残るペニスを加瀬さんの体から抜くと、デロリンと精子をたっぷり収めたスキンがぶらさがっていた。

「すごく素敵でした」

倒された前後シートに息荒くうつ伏せに倒れこんでいる加瀬さんに言った。

車内に置いてあるティッシュペーパーを五、六枚抜き取って「使ってください」と加瀬さんに渡し、自分は靴を履いて車の外に出た。

スキンをはずしてペニスを拭く姿はマヌケなので見られたくなかったし、彼女もまた同じだろう。

体が火照っていただけに、外の寒さには驚いた。ペニスも急速に縮まってゆく。

自分の処理を終えて車内に戻ると、加瀬さんは後部座席から足を伸ばして座っていた。パンティーを穿《は》き終わり、手をうしろにまわしてブラをつけている最中である。

「髪、くしゃくしゃになっちゃいましたね」

「いいの、帰って寝るだけだから」

加瀬さんもひとり暮らしだった。パンストをまるめて、バッグに押しこんでいる。

裸を見たあとであっても、車内で着がえる姿はなまめかしかった。

「海条クン、元気でね」

服を着がえ終えた加瀬さんが、ポツリと言った。

さあ、帰ろうとエンジンをかけ、ヘッドライトをつけると、車の窓が息で真っ白になっていることにはじめて気がついた。

いったんライトを消し、エアコンで窓のくもりが取れるを待つ。ぼやけていた街のあかりが少しずつハッキリ見えるようになってくる。現実世界に引き戻されている感じがした。

「けっこう、女の子泣かせたでしょ？」

「いや、そんなことないですよ。彼女ひとりしかいなかったし……」

「ホントかなぁ？」

「ホントですって。加瀬さんがすごくよかったから、がんばっちゃっただけですよ」

もう一度、ディープなキスをした。

もうちょっと時間を置いたら、第二ラウンドをはじめられそうな感じだった。

ホテルに行ったらよかったかなとも思ったが、あの場面で「では、ホテルに」などと間隔を空けてしまったら、加瀬さんの気持ちも変わっていたかもしれない。

あの盛りあがった雰囲気のまま車内で抱き合ったほうがよかったと思っている。

年上女性のリードで童貞卒業と高校時代に思いえがいていた状況とは違ったが、加瀬さんを抱いているときに、あこがれだった女教師のことは頭に浮かんでこなかった。

「ここでいいから」

と、加瀬さんはマンションの近くで車を降りた。部屋の場所を知られたくなかったのかもしれない。

「夢みたいでした」

「夢にしといて」

手を振って、加瀬さんは小走りで去った。

送別会は飲めるようにと、会社の最寄り駅近くの居酒屋で行われた。

加瀬さんとふたりっきりになる機会は訪れず、お互い目で合図しただけで、私は退職して東京に向かった。

維持費用が高くつく東京暮しで車は持てないと、思い出がしみついた車は、買った中古車屋に二束三文で引き取ってもらった。

何年かあとに、交流が続いていた吉本先輩といっしょに会社の社屋に入ったことがあった。

「海条クン、元気だった？」

そう言いながら現れるだろうと期待していた加瀬さんは、退職していた。寿退職かどうかは、会社も把握していないらしい。

フェラの追憶

神奈川県・会社員・五十七歳

一度だけ離婚歴がある妻と、四十を過ぎてはじめての結婚をした私のふたりきりの生活は、ストレスなどまったく感じることのない、心から癒《いや》される空間となっている。

たぶん、最初の結婚で痛感した自分のいろいろな面での至らなさをくり返さぬよう、妻なりに気を使い、努力をしているその結果なのだろう。

その妻に対してはただただ感謝の言葉しかないが、しかし欲を言えば、じつはたったひとつだけだが、気にくわないことがあるのだ。

それは、知り合ってからただの一度も私のモノを咥《くわ》えてくれない、そう、いわゆるフェラチオをしてくれたことがないのである。

彼女とは知人の紹介で知り合ったのだが、最初のデートから三カ月くらい経《た》ったとき、思いきってホテルに誘うと、赤く頬を染め、恥ずかしそうに小さくコクンとうなずいた。

そのしぐさがとてもかわいらしくて、もうぜったい一生離すものか、と心の中で強く誓ったものだ。

しかしだ。結婚前も現在も、月に数度は体を重ね合っているが、決して私のモノを咥えようとしないのである。

セックス自体は嫌いではないみたいだし、まさかそういう行為があることを知らないはずはないだろう。男性のここの部分を異常に不潔に感じているのか、それとも母親からはしたない、とでも教えられてきたのだろうか。

頼むなり、むりやり咥えさせてもいいのだが、それ以外の部分は不満がないわけだし、それをキッカケに嫌われ、この心地よい生活を壊すことになれば困るので、どうしても言い出すことができないでいるのである。

そのフェラチオを生まれてはじめて体験したのは、高校三年の夏休みのことだった。

それはお盆のちょっと前のこと。家でゴロゴロしていると、近所に住む幼なじみの由香里《ゆかり》ちゃんから相談に乗ってほしいと、電話が入ったのだ。

彼女は隣町に住む年上の男とつき合っていた。一度見かけたことがあるが、背が高く、体格のいい、ハンサムな人だった。

じつは私も昔から由香里ちゃんが好きだったのだが、仲のいい幼なじみ以上にはなれなかったのだ。

街の中央を流れる相模川《さがみがわ》の広い河川敷にポツンと一本立っている大きな木の影の中で向き合って座り、買ってきてくれたアイスキャンデーを舐《な》めていると、彼女が深刻そうな顔をして言うのである。

「ねぇ、男の人のチ×チンって、どうすれば気持ちよくなるの？」

とつぜんそんなことを言われたので、アイスを落としそうになった。もちろん、私はまだ童貞である。

「なっ、なんでそんなこと聞くのさ」

「咥えたとき、彼から、本当にヘタクソだな、少しは上達しろよ、っていつも言われるから……」

由香里ちゃんは少し赤くなった顔で答えた。

幼稚園のころから知っている由香里ちゃんが、もう男とそんなことやっていたなんて……。

ショックを受けてしまった。

「ま、どっちかというと……先っちょのほうが気持ちはいいんだけど……」

しどろもどろに、それだけ言うと、私は真っ赤になって、下を向いてしまった。

「それはわかるんだけど、やりかたよ、やりかた」

「あ、やりかたね……」

仕方ないので、私はアイスをチ×ポに見たてて説明をはじめる。

「僕がオナニーをするときは、ここをこんな感じで、こうやって……」

しかし、説明をしているうちに気持ちが昂《たかぶ》ってきて、勃起してしまった。

それを悟られないようにもじもじしていると、とつぜん彼女が立ちあがり、私の手を取った。

「ねぇ、お願い、もっとちゃんと教えて。あたし、ホントに彼のことが好きなの。嫌われたくないのよ」

私の手首をつかんだまま、グイグイと河川敷の奥へ進んでいく。その先には笹やススキが生い茂っている藪《やぶ》がある。

「ここなら、まわりから見えないから大丈夫でしょ？」

そう言うと、いきなり私のジャージとブリーフを引き下ろした。硬くそそり勃《た》ったモノがブルンと飛び出してくる。

「ああっ、ちょ、ちょっと待って」

あわてて腰を引こうとしたが、間に合わない。

皮から少しだけ頭を露出させている勃起を、彼女の手がしっかり握りこんだ。そしてそっと皮を剝《む》き、そのままパクッと咥えたではないか。

生ぬるい感触が私の股間を襲う。いったいなにが起こっているのか、まるで夢の中にいるようだった。

「どお、気持ちいい？　こんなやりかたじゃ、だめなの？　ねぇ、教えて」

上目遣いで頭を前後させながら、真剣な表情で聞いてくる。

その言葉に私は少しだけ冷静になり、そこへ神経を集中させる。

やや痛みを感じた。

「気持ちいいけど、少し歯が当たって痛いかも」

そのとき、スケベな同級生の言葉を思い出した。女は尺八をするとき、口の中に唾をいっぱいためて、滑りをよくするらしいぜと。

「あ、あのさぁ、口の中に唾をいっぱいためてやってみてよ。そして、歯も当たらないように……」

唾をこぼさないようにすると自然に歯が開くみたいで、のどの奥まで咥えてくれるようになった。

これまでは口先だけを使って亀頭だけを擦《こす》るようにしていたので、彼氏は痛みを感じていたのだろう。

「あのぉ……ときどき袋も揉《も》んだりしたら、気持ちいいと思うよ」

私もだんだんずうずうしくなってくる。

「サオの横とかも舐めてみて」

こんなコーチでよければ、いつでも引き受けてもいいと思った。しかし、この教え子はとても練習熱心。私はあっという間に快感のピークを迎えてしまった。

「ご、ごめん。もう出るっ」

私は彼女から飛びのくと、そのまま草むらに向かって発射したのだった。

「どうだった。気持ちよかった？」

頬を真っ赤に染め、肩で息をしながら、由香里ちゃんが聞いた。

私もぜぇぜぇと激しい息を吐きながら、下半身まる出しでピースサインを送る。

「すっげえよかったよ。これなら彼氏も文句言うわけないって」

そのあと彼女とはなにごともなかったかのように、毎朝いっしょに学校へ通った。

もちろん二度と咥えてくれることはなかったのだが、彼氏とはうまくいったらしく、現在は結婚して幸せに暮らしているみたいだ。


そういえば、逆に最後のフェラチオって、いつだったろうかと、ふと考えた。

じつは、私は一度だけだが、妻の友人と関係を持ったことがある。

三年前のある日のこと。妻は朝から出かけており、私はひとり缶ビールを飲みながら、昼飯の準備をしていた。ところが昼近くになったころ、とつぜん激しくチャイムが鳴らされた。

なにごとかとドアを開けると、何度か見かけたことのある妻の友人が青ざめた顔で立っている。

彼女は一瞬驚いたような顔をしたが、すぐに私を突き飛ばすようにして、いきなり玄関に入ってきた。

「奥さん、ごめん。ちょっと、おトイレ借りるわねぇ」

台所に妻がいると思ったのか、ひと言声をかけると、トイレへ直行した。

いつも私が仕事でいないとき、遊びに来ているのだろう。たぶん、スーパーにでも買い物に行って、とつぜん腹具合がおかしくなったのだ。

ところが自宅に戻るまで我慢できそうになく、苦しんでいたところ、私の家が見えたので、地獄に仏と、飛びこんできたのだ。

「すみませんでした。どうもありがとうございました」

しばらくすると、安堵《あんど》の表情の彼女が出てきた。

「あれっ、あの、奥さんは……」

「朝から俳句の会に行ってるんですよ。そのあと友達と食事して、買い物に行くって言ってたから、帰りは遅くなるんじゃないのかな」

「ええっ、そうだったんですか。すみません、勝手に上がりこんじゃって。失礼しました」

今度は真っ赤な顔になり、あわてて玄関先に向かう。

その姿がなんかおかしくて、私は気まぐれで声をかけた。

「あの、お昼まででしたら、お好み焼きを食べていきませんか。昔から、これだけは得意なんですよぉ。ひとりで食うのもさびしいですしね。それに、僕はこの辺の方とのつき合いがほとんどないから、なんかおもしろそうな話でも聞かせてくださいよ」

最初は恐縮して断られたのだが、ぜひにと誘うと、本当にいいんですかと、おどおどしながらリビングに入ってきた。

妻以外の女性とこうして自宅のテーブルで向かい合っていると、背徳感がわいてくるから不思議だ。

「あたし、だめなんですよねぇ、お酒。弱いクセに好きなんですよぉ」

ビールを勧めると、軽く一気に飲みほした。

じっくりと顔を観察すると、美人ではないが、わりといい女である。少し赤くなった色白の肌も色っぽい。歳《とし》は妻と同じ、四十ちょとすぎくらいだろうか。

少しウエーブがかかった焦茶色の髪が背中にまで届いている。眉毛が濃く、切れ長の目に薄い唇。そして、やや上を向いた鼻。

少しかすれたような声は艶っぽく、なんだか飲み屋のママとさし向かいで飲んでいる気分になってきたのだ。

「いゃあ、ウチのヤツはねぇ、ちっとも咥えてくれないんですよぉ」

途中でワインに切りかえたのだが、昼間の酒はかなりくる。ふたりともだんだんいい感じになってきたころ、調子に乗り、私はつい下ネタをしゃべっていた。いつも飲み屋ではそんな話ばかりしている。しかし、すぐに後悔した。彼女はホステスではなく、近所の奥さんなのだ。

「ごめんなさい。ちょっと酔ったかな」

「うふふっ、いいんですよ。あたし、そっち系の話、嫌いじゃないし」

手酌で飲みながら、笑っている。ノリのいい奥さんでよかった。

「じつはあたしのところなんて、もう何年も前からセックスレスなんですよぉ。たぶん、浮気でもしてるんじゃないかしら」

ソファに移動し、並んで腰かけ、彼女のセックスレスのグチを聞き、私の初体験の話をし、そして彼女の性感帯の話などをしているうち、なんだか怪しい雰囲気になってくる。

勇気を振りしぼって彼女を抱きよせ、唇を奪うと、なんと彼女も舌をからめてきたではないか。

「奥さんの代わりにしてあげまひょうか。お昼ごはんのお礼もこめれ」

酔っているらしく、呂律《ろれつ》がまわっていない。

奥さんは私の前にひざまずくと、私のハーフパンツとトランクスをはぎ取った。さっきからもうすでに硬くそそり勃っていたモノが現れ、ビクンビクンと小刻みに揺れる。

彼女はそれを握り、じっくりと観察してから、先端を舌先でペロリと舐めた。亀頭を舐め、サオの脇も上下に舌を這《は》わせる。しかもその動きを続けながら、ときどき私の顔を見あげて笑う。じらしているのだ。

そしてようやく咥えこんでくれたのだが、口の中の熱さが尋常ではない。強烈な快感が襲ってきた。

今度は激しく頭を上下させはじめた。口の中いっぱいに唾をため、ジュルジュルと音をたてながら亀頭に舌を転がし、カリの裏側を舌先で刺激し、縦横無尽に攻撃してくる。

興奮してきたのだろうか、いつの間にか自分でブラウスのボタンをはずし、胸を揉んでいる。左手の先はスカートの中だ。

これまで体験したことのないような愉悦で頂点を迎えそうになっていた。

ヤバい。このままでは発射してしまいそうになる。

あわてて彼女から飛びのいた。

「すごい。気持ちよすぎですよぉ。今度は僕にもお返しさせてください」

彼女のスカートとショーツを脱がすと、今度は私が彼女の股の間に潜りこみ、すでに淫液でテカテカと光っている赤い亀裂の中に舌を挿しこんだ。

「あああっ、気持ちいい。そ、そこ、もっと」

パンパンにふくれあがったクリトリスを舌先でやさしくくすぐってやると、押しよせてくる快感に激しく頭を振りつづける。

「あぁっ、だめぇ、感じちゃう」

奥さんは白く大きな胸を自分で揉みしだきながら達した。

「これっきりにしましょ。お互い、家庭を壊すことはなしよ」

激しい口技合戦のあと、酔いが覚め、冷静さを取り戻した奥さんがそうつぶやいた。

いまでもたまに妻といっしょのところを見かけることがあるが、私と彼女は以前のように、ただ挨拶するだけの関係に戻っている。

バレンタインの余波

――東京都・OL・三十七歳

三十一歳のころ、電子部品会社の事務として働いていた。直属の上司は一年前に異動でやってきた三十九歳の田中《たなか》主任。私はこの主任が嫌いだった。目は一重で細く、団子鼻に分厚い唇、色黒、百七十センチほどのがっちりした体型。無愛想で、社員と楽しそうに話しているところを見たことがない。

そんな主任を、私たちは隠れてゴリラ主任と呼んでいた。

「おい、この書類を仕訳しとけよ」

「部長に提出する原案はどうなってるんだ」

当たり前のように、私に仕事が課せられる。だが、嫌いな上司に仕事ができないなんて思われたくない。そんな無意味なプライドのおかげで、結果私の仕事の評価は高かった。

百六十センチ、五十キロ。髪は長めでストレート。はっきりした顔立ちの私は、仕事もプライベートも見た目どおりにさばさばしていると思われていたが、実際はそうではない。嫌われるのが怖く、ノーと言えない性格で、恋愛関係でも都合のよい女を演じてしまうタイプだ。

二年前に彼と別れてから特別な存在はいないが、同期たちと出かけることも多く、あまり寂しい思いをすることはなかった。

ひとりで過ごす二回目のバレンタインデー。義理チョコという文化が定着したせいで、私も朝から忙しい。

「田中主任、どうぞ」

「おう」

わざわざ違う部署から来た女子社員に、お礼も言わない主任を横目で見ながら、これこそが無駄遣いだと、思わずため息をつく。

仕方なく、私も主任に義理チョコをさし出した。

「主任、これよかったら食べてください」

「そこ、置いといて」

無造作に積まれたファイルの上を指さして、主任は私の目も見ずに返事をした。こういうところがいやなのだ。

せっかくの金曜日。すっきりしない私は、同期たちに飲みに行こうと誘ったが、みんなデートの予定があって、断わられてしまった。

「いいよ、私ひとりで飲んで帰るから」

「飲みすぎに注意だよ」

「わかってる」

そうは言ったものの、女ひとりでバレンタインデーに飲みに行く勇気が出ない。カップルのいちゃいちゃを見るのもいやなので、私はラーメンを食べて帰ることにした。

「あっ」

最悪だ。店に入った瞬間、テーブル席に座っていた田中主任と目が合った。

「お疲れ様です」

軽く会釈をし、カウンターに向かおうとしたら、主任が私に声をかけた。

「ここ座れば」

うわあ。面倒な残業が入ってしまった。どうしよう……。

コートを脱いで椅子を引き、向かい合って座る。主任も注文をしたばかりのようで、水とビールだけが置かれている。

「みそラーメンとビール」

なにも悩むことなく注文した私を、主任が不思議そうに眺めていた。

「なんか、すごいな」

「気にしませんから」

にやりと笑みを浮かべた主任は、店のおばさんにグラスをもらうと、私にビールをついでくれた。

「乾杯」

「は、はい」

大嫌いなゴリラ主任とふたりで乾杯をするなんて、信じられない。私は思わず主任をまじまじと眺めた。

よく見ると、顔はともかくシャツもネクタイにも清潔感はある。隣の椅子に無造作に置かれたジャケットもしわひとつない。革靴はきれいに磨かれ、カバンもくたびれていない。

これほど身だしなみに気を遣っているのなら、女心の研究にも興味を持てばいいのにと思う。

「主任は家でご飯を食べないんですか」

「ああ」

「今日、バレンタインですよ」

「だから」

「彼女とか奥様とかいらっしゃらないのかと思って」

「いない」

一瞬で会話が終わった。いつもの主任だ。そのとき、タイミングよくふたりのラーメンが運ばれてきた。

「いただきます」

弾まない会話を、ラーメンのおいしさで紛らわす。私は主任が苦手なのだし、主任も私を扱いにくい部下だと思っているだろう。媚《こ》びる必要はない。

「食べたら帰るんですか」

「なんで」

「ふつう、部下とこうやって会ったら、飲みに行こうとか誘いませんか」

「行きたいのか」

「……まぁ」

主任が誘うわけがないと思っていた。ところが、返ってきた言葉に耳を疑った。

「飲みに行くか」

げげっ。まずい展開だ。断らない主任を呪いそうになる。バレンタインデーにふたりで飲むなんて、誰かに見られたら言い訳も面倒だ。

なにより、いまのところ共通の話題もない上司に、どう対応すればいいのだろう。

「ため口でもいいぞ」

「無理です、ただでさえ主任は近づきにくいので」

私のいやみは主任には響かない。どうせひとりで飲む予定だったのだから、主任のおごりでおいしいお酒を飲んで帰ろうと思った。

ラーメンの汁まで飲みほす私を、なにも言わずに主任は見ていた。

「お酒はなにが好きなの」

「なんでもいけます。主任の好きなお店に連れていってください」

私の意見を聞いてくれたわりに、主任は早足で私の先を歩いている。

路地裏に入り、少し歩くと、主任が立ち止まった。

「ここでいいか」

そこは洋風の小さなバーだった。こんなお店があることも知らなかった。

扉を開けると、壁にびっしりとさまざまなお酒のボトルが並べられている。カウンターが五席。ソファのテーブル席が五席。

「いらっしゃいませ」

主任は奥のテーブル席へ向かい、ゆっくりと腰かけた。落ちついた男性店員が、おしぼりとメニューをさし出した。

「これ、ふたつ」

「かしこまりました」

なにも聞かずに注文する主任のしぐさは、自然で慣れているように思った。

「よく来るんですか」

「ああ」

勝手に退屈な男性のイメージを作りあげていた私は、いちいち驚いていた。

主任は無駄な愛想を振りまかず、言葉もかなり足りないが、人間味はあるようだ。私の質問にはそれなりに答えてくれる。

異動の理由、過去の女性関係、好きな音楽やお酒の話など、つっけんどんな話しかたにもかかわらず、気づけば私たちは二時間もいっしょに過ごしていた。

「そろそろ出るか」

「はい」

楽しかった。それが素直な感想だ。誰も知らない主任の秘密を共有した気になり、高揚しているのか、数時間前まで嫌いだった主任が、いい人かもしれないとまで思っていた。

外に出て冷たい風を心地よく感じながら、会計を済ます主任を待つ。ふと、私の視界に抱き合っているカップルが目に入り、今日がバレンタインだったと思い出す。

とつぜん、私も無性にキスがしたくなった。お酒のせいなのかはわからない。ただ、いますぐ誰かと唇を重ね合いたい衝動が、爆発しそうだった。この気持ちを主任にぶつけたら、主任はどんな反応を見せるのだろうか。

主任が出てきた。私は熱い視線を投げかける。

「キスして」

「えっ」

「キスしてよ」

「いや、ダメだろ……」

ごちゃごちゃ言いはじめた主任の唇に、私は唇を押しつけた。唇をぎゅっと閉じて引っこめようとしているのか、主任の身体は硬直して、私の身体に手をまわすこともしない。

私にはもう嫌悪感はまったくなかった。男性にわがままを言うことのない自分が、こんなふうに主任に迫っている。想像以上に気分がよく、そしてなぜか身体が火照りはじめていた。

身体を離し、主任を見あげるが、視線は合わない。

いままで言えずにいた男性へのリクエストを、この人なら遠慮なく言えるチャンス到来だと思った。

「どこか行きましょうよ、ふたりで」

明らかに主任は困った顔をした。いつものように、次から次へと指示が出てこない。

「……部屋、来るか」

沈黙を破り、主任が私の目を見て言った。

こくっとうなずき、私は主任に寄りかかった。

主任の部屋は整理整頓されていて、私の部屋よりもきれいだった。レコードが飾られていたり、モノトーンで統一された家具がおしゃれでポイントを上げる。

部屋を見わたす私を、主任が力強く抱きしめた。頑丈な胸板の中で目を閉じる。

ぽってりとした唇が重ねられると、まるで肉食動物が獲物を捕らえたように私の唇を貪る。上唇、下唇を交互に味わいながら、全身の力が抜けていくような感覚に陥る。

「脱がせて」

私はもう止まらなかった。主任にお願いする自分に興奮し、ぐっしょりと股間を潤わせていた。

主任は私の言うとおりに、私を愛しはじめた。

ブラウスのボタンをはずし、ブラジャーをゆっくりとずらす。乳首が恥ずかしいほどに反り立っているのに、主任はさらに舌で刺激する。

すっと私の背後にまわり、うしろから乳房を揉《も》みあげられると、好きだとか嫌いだとか、そんな感情はただ邪魔なような気がした。

「あぁ……気持ちいい」

どんどんだらしなく両脚が開いていく。主任はスカートをまくりあげ、ストッキングを脱がせようとした。

「待って……ストッキングの上から撫《な》でてほしい」

「わかった」

主任は私を横にすると、足首から太もものつけ根まで、ゆっくりと手を滑らせ、リクエストに応えた。

「うぅっ……」

ふくらはぎの裏を舐《な》められると、ナイロンと温かい唇の融合でくすぐったいような、むずむずした快感が駆けめぐる。何度も主任の手が上下に移動し、そのたびに吐息が漏れる。

私は自分からストッキングを引き下げた。パンティーの中心が湿り、ぷっくりとふくらんでいる。主任は一気にパンティーをはぎ取ると、暖かく呼吸をする私の秘部に舌を這《は》わせた。

「あっ……あっ……」

いきなりのサプライズに私はうっとりしながら、どうしようもないほど主任を欲していた。

クリトリスに吸いつかれると、私の身体が自然と大きく反り返る。

主任は私の股間に顔を埋《うず》め、ぺろぺろと犬のように音をたてて舐めはじめた。

「いいっ……すごくいい」

愛液があふれ出ているのか、主任の唾液が垂れているのかがわからないほど、私の秘部は潤い、身体が波を打つ。

なにも言葉を発さず、主任はクリトリスを小刻みに転がし、指先をほんの少し、ひくつく私の中へ出し入れしはじめた。

「そこ、そこ……あぁ」

主任が上半身を起こし、裸になった。中心に反り勃《た》つシンボルが、ぬるっと光っている。

「もういいか」

「うん」

主任の熱いオチ×チンが、ゆっくりと私の中に入ってきた。

「ああっ」

主任が腰を動かすたびに、感じたことのない快感に襲われる。

ぱんっ、ぱんっ……。

ふたりの交わる音が、いやらしく部屋に響きわたる。

「主任、あっ、そこ……」

「ここか」

「あん、あん、ああっ」

奥に当たる主任のオチ×チンが、さらに大きく太くなっている気がした。

「動かないで、このまま」

「じゃあ、締めるな」

びくんびくんと身体が反応してしまうのを、抑えることができそうにない。

その間にも、主任の腰遣いがどんどん速くなる。

「だめ、だめ、そこ、だめ」

「うっ……ううう」

私は主任にしがみついた。その角度がさらにふたりの密着度を深め、同時に絶頂へ近づく。

「イッちゃう、イクイク、ああ」

どくどくと音がしたかと思えるほど、主任はザーメンをたっぷり放出した。

私も余韻から抜け出せずに、しばらく無言で横たわっている。

「すみません、なんかいろいろと言って」

「希望を言ってもらったほうがいいだろ」

「そうなんですか？」

「ふたりでセックスしてるんだから」

この人とセックスをしてよかったと、幸せな気持ちに包まれると、私は主任を直視できなくなっていた。

「大丈夫か」

「はい」

「まさか、バレンタインにゴリラと寝るとは思ってなかっただろ」

「すみません。ゴリラって、そのぉ……悪い意味ではなくて」

主任が声を出して笑った。

「いいよ、べつに」

そう言って、私を抱きしめた。

「主任、もう一回したい」

私が素直に気持ちを伝えると、主任はやさしくキスをしてくれたのだった。

毛深い女

東京都・ＯＬ・三十二歳

昔、恋人から、

「玲《れい》のアソコ、毛深いから好きだ」

と言われたことがありました。

そのときは、誰かと比べているのかとひっかかりましたが、いまとなっては「毛深い」と評されたことのほうが強烈に思い出されます。

昔から、下着からはみ出さないように整えたり、刃のついた櫛《くし》ですいて、ボリュームを落としたりするくらいはしていたので、自分が毛深いなんて思ったこともありませんでした。

そんなことを急に思い出したのは、同僚が介護脱毛をするかどうか悩んでいると話していたからです。将来の介護に備えて、アソコの毛をなくしてツルツルにするのが最近、じわじわと世の中に浸透しているというのです。

プロの手にかかればきれいに脱毛できるとわかってはいるものの、見ず知らずの人の前で足をひろげるのは恥ずかしいし、自分でやるのもちょっとね、そんな話でした。

「えっ、自分でできるの？」

「うん、最近はそれ用のカミソリもあるらしいよ。私は怖くてやらないけど」

自分で処理する、という言葉に興味がわいて、その日の帰りに電器店で専用シェーバーを買いました。

自然に生えているものに手を加えるのはほかのムダ毛処理と同じなのに、アソコの毛となると、なんだか禁忌を犯す感じがするから不思議です。

注意書きにそってシェーバーの刃を当てると、驚くほどあっさり、そして勢いよく毛が剃《そ》れていきます。

Iラインと呼ばれる、オマ×コの両サイドはツルツルに、前から見えるところは少し整える程度にとどめてお風呂場を出ました。

ベッドに潜りこみ、手でそっと下に触れてみます。

覆うものがなくなったアソコからは、体温がじかに感じられて温かく、触りなれない感触も相まって、ずっといじってしまいます。そのうちエッチな気分になって、オナニーをはじめてしまいました。

にじみ出した愛液を塗りつけながら、剃毛《ていもう》したところをふにふにと触ると、指が吸いつくような密着感をおぼえます。

アソコに指を入れ、手のひらをぴたりとくっつけて、ツルツルになったところを撫《な》でると、感じたことのない快感が体を走りました。

あるはずの毛がないだけなのに、と思いながらも指は止められず、私は鳥肌を立てながら、イッてしまったのでした。

恋人どうしでも直接会うことははばかられるご時世、オンラインでお互いの顔を見るようになって数カ月が経《た》っていました。

ときにはエッチな話をすることもあるけれど、会ってセックスしたくなってしまうからと、ほどほどに留《とど》めておくのが暗黙の了解になりつつありました。

「あの……雄也《ゆうや》に話してないことがあるんだけど……」

「なに？」

それなのに、その日の私はアソコの毛を処理したことを白状してしまいました。白状と書いたのは、前に彼が「アソコが剛毛の美女」のAVを見ていたことを知っていたからです。

自分の毛深いそこは、きっと彼の趣味に合っていたはずですが、そこに手を加えてしまったことを、恋人がどう思うか、私にはわかりませんでした。

「……どうしてやったの？」

「興味がわいて……そのままのほうが、雄也は好きだってわかってたけど……」

「見せてよ」

「えっ」

「どんなふうになったか、見せて」

ここで見せてしまったら、お互い我慢できなくなるとわかっていたけれど、私は小さくうなずきました。

ショーツを脱ぎ、両膝を抱えて画面の前に座ります。

「もっと足をひろげないと見えないよ」

「うん……」

私はそろそろと足を開きます。

「本当にツルツルだね。けっこう剃ったんじゃない？」

「……いやだった？」

「毛で隠れてて知らなかったけど、玲のオマ×コはこんなふうになってたんだね。まわりが赤くなって、発情期のお猿さんみたい」

「やめて、恥ずかしい……」

「せっかく剛毛で隠れてたのに、自分でまる見えにしちゃうなんて……玲はいつからそんな変態になったの？」

「違うっ……」

「変態オマ×コ見てたら、興奮してきちゃったよ……せっかく我慢してたのに」

彼はそう言うと、硬くなったチ×チンを画面に向かって見せてきました。

「そんな大きくなったの見せられたら……私も我慢できない……」

「玲が悪いんだよ、エッチなことばかり考えて……」

私たちはお互いを見つめ、淫らな言葉を発しながら、自分を慰めていきます。

「雄也、自分でシコシコしてエッチだね。チ×チンから我慢汁が出ちゃってる……」

「ああ……ねえ玲、おっぱいも見せて……」

「見せてあげる。見て……」

「乳首も赤くてぷっくりしてるよ……爪でカリカリしてごらん」

「あああっ、気持ちいっ……」

「あっ……オマ×コから、お汁が垂れてきたよ……玲はエッチだから、お毛々がないと、びっしょり濡れちゃうね」

彼の言葉に、さらにそこが潤ったのがわかりました。

「ねえ……指、入れたいの。じゃあ、エッチなおねだりして」

「入れたいの。入れたくなっちゃった……」

「変態オマ×コに……指を入れていいですか？」

「チ×チンと同じくらい太くなるように、三本入れなさい」

「はい……っ」

荒い息をしている彼に見せつけるように、指をそろえてアソコに沈めます。

「ああ……っ」

「ずっぽり入っちゃったね……」

「ああん……恥ずかしい言いかたしないで……」

「早くそうやって、チ×チン入れたいよ……ああ……」

指を出し入れするたびに粘り気のある音がして、アソコのまわりを濡らしていきます。

「どうしよう。手が動きっぱなしになっちゃう……気持ちいいの……ああっ」

「玲、いやらしい……見てるだけでおかしくなりそうだ……」

画面の向こうでは、彼がせつない顔でチ×チンをしごいています。このましていたら、互いにイッてしまう、そう思ったときでした。

「ねえ……俺もエッチなおねだりしていいかな……」

「なあに？」

「残してる毛、いま剃ってほしい……玲が自分で剃毛するところ、見たくなっちゃった……」

シェーバーがヴィィン…と音をたてながら、少しだけあまらせていたアソコの毛を削っていきます。

処理の姿を見られている恥ずかしさと、機械が与えてくる小刻みな振動に身をよじらせると、彼の声が飛んできました。

「剃ってるだけなのに、よくなってきちゃったの。玲は、なにをしても感じるようになっちゃったんだね」

「そうじゃない……っ」

「ああ……玲のお毛々がどんどんなくなってく……」

「んんっ……」

「こら、気持ちよくなるのは剃り終わってからだよ……危ないから集中して」

何度もシェーバーを落としそうになりながら、なんとか処理を終えました。

「ああ……全部なくなっちゃったね……大事なところが隠せなくて恥ずかしいね」

「あんっ……」

「おっぱいもお尻も大きくて、大人の身体なのに、アソコだけツルツルなんてエッチ……」

その囁《ささや》きに私は耐えきれず、秘所に手を伸ばしました。

「触っていいって言ってないよ」

「もう限界なの……」

「俺も、気持ちよくなりたいよ……ああっ」

「ねえ……こんなオマ×コになっても、またセックスしてくれる？」

「するよ……見た目は幼いのに、中は感じまくりの変態オマ×コに何度もチ×チン入れるよ……」

「ああっ、雄也……っ」

「生えてきたら、何回でも剃ろうね。ずっとエッチな身体のままでいるんだよ……」

「ねえ、だめ……イッちゃう……」

「雄也は毛深いほうが好きだった？　いまさら聞いてもおかしいけど……」

「どうして？」

「……ごめん。雄也が前に、剛毛美女のＡＶを見てたの知ってる」

「あれか……」

彼はばつが悪そうに頭をかくと、言いづらそうに口を開いた。

「あれは、あんなに濃かったら、剃りがいがあるだろうなと思って」

「……え？」

驚きを隠せずにいる私に彼は、画面の向こうから企《たくら》み顔で言いました。

「初剃毛のお楽しみを取られたかわりに、これからはずっと俺が剃るからね」

嫉妬するおばちゃん

――兵庫県・会社顧問・六十五歳

その日も和江《かずえ》さんが電マで嬌声《きょうせい》をあげたあと、ゴロンと横たわって、私の顔を見ながら言った。

「なあ、奥さんってどんな人？」

「どんなって、普通やで」

「背は高いの」

「君くらいやで」

和江さんは家内をライバル視しているのか、あるいは嫉妬しているのだろうか。あまり踏みこまれても困る。

「べッピンさん？」

「普通やで」

「普通ってどんなん。誰かに似てるとか」

「そやなあ、君みたいな感じかな」

「へえ、ほな、メチャメチャ美人やん」

和江さんは茶目っ気たっぷりでそう言った。

「ん、いや、まあ、そ、そう言うことにしとこ」

確かに和江さんは大阪のおばちゃんにしては長身だし、整った顔をしているので、おとなしくしてさえいれば大阪のおばちゃんには見えない。

「やっぱり、お尻は大きいの？」

私が巨尻好きなことを知っての質問だろう。ここは和江さんに軍配を上げたほうがよさそうだ。

「お尻は君のほうが大きいぞ」

それを聞いて、勝ちほこったような顔をしている。

「家内のことが気になるか？」

「ウーン、チョットね」

いつになく積極的な和江さんが私の上に乗って激しいキスで舌をからませてきた。

そして、さんざんキスをしたあとで、手順でもあるかのように私から降りて、ペニスを咥《くわ》えた。

一年のつき合いで、私好みの舐《な》めかたも覚え、亀頭をペロペロ舐めながら、玉を揉《も》んでくれた。

「えらい積極的やな、今日は」

「そらそうやん、二カ月もウチを放ったらかしにしたんやから」

「ははあん、俺とスケベしたかったたんやな」

「うん、チョットね」

「チョットって、どれくらい？」

「そやなあ、富士山《ふじさん》くらい」

「スケールでかいな」

「その責任を取ってもらうで、今日は」

「よしよし、たっぷりと悦《よろこ》ばせるからな」

いつものように、いくつかのパターンでいくつかのおもちゃを使い、和江さんを何度かイカせたあとで、アナルセックスで射精した。

私はヘトヘトだったが、和江さんはセックスの前よりも輝いている。

彼女のお尻の中に私の精液が入っていることが、私の征服欲を満たしてくれた。

「二カ月分を取り戻したか？」

「うん、あんたも二カ月分、吐き出した？」

「うん、コップ一杯分くらい出たような気がするぞ」

「よかったね。おかげでウチもお腹《なか》いっぱいや」

和江さんはお尻を撫《な》でてうれしそうに言った。

膣の中で射精すると精液が流れ出てしまうが、お尻の中だと流出しないので、私の精液を体内に受け入れた気分でうれしいと言う。意外な発想だった。

「女って、そう思うのか。精液飲んだときも、そう思うのか？」

「うん、ウチはね」

かわいいことを言う。私の萎えたペニスを触りながら、ニッコリしている。

「なあ、奥さんともこんなエッチしてる。羨ましいな、奥さんが」

「いいや、家内とはもう二十年くらいしてない」

うそではなかった。約二十年前に家内が怪我《けが》で入院して以来、セックスレスになり、そのあと私が単身赴任したこともあって、家内とはセックスしていなかった。ただ、そのあと私には彼女ができたので、性欲は解消されていた。

「こんなスケベやのに、あんた二十年間、どないしてたん？」

彼女とよろしくやっていたとも言えない。

「えっ、うそぉ」

「フーゾク？」

「いや、フーゾクは嫌いやから」

「へえ、我慢してたん。ホンマかいな」

「いつかは君みたいな人が現れると思ってたからな」

「ほな、奥さんも二十年間、処女？」

「セフレがおるみたいやけどな」

「ええっ、そんなんええの。あんたとこは、どないなってんの？」

「それもアリやろ。俺には君がおるしな」

「それでかぁ。ウチに二十年分の性欲を発散してるんやな」

「まあな。それに相性ってもんがあるからな」

「あんたとウチは、相性が合うん？」

「そう思わんか？」

「そら思うけどな。ほな、このチ×チンはウチだけのもん？」

「そうやで」

本命彼女との共有だが、そうは言えない。

「じゃあ、今日は二カ月分やなくて、二十年分、しぼり取ってあげよか？」

「いや、歳《とし》やからもう出えへん」

「ははは。そやけど今日は二カ月ぶりやったから、大爆発したみたいやったね」

今日のセックスが大満足だったと言った。

「そんなによかったら、今度から一カ月おきに爆発しよか？」

「ええっ、一カ月おき？」

和江さんが不満そうな顔をした。

「毎月のほうがええか？」

「なに言うてんのん。毎日の間違いとちゃう？」

「おいおい、俺を殺す気か！」

「長生きしてなぁ」

「俺が長生きしても、チ×チンが先に死ぬぞ」

和江さんは亡くなったご主人との快感のないセックスしか知らなかったので、結婚からいままでの分を取り戻すと言い、残りの人生では、毎日でもしなければもとが取れないと言った。

「そんなウチをこんなスケベな女にしたのは誰？」

「俺」

「責任を取ってもらわんとな」

「ほな、電マをプレゼントするわ。好きやろ、電マ」

「好きやけど、自分でせえって？」

「電マはクリに当てるんやで。入れたらアカンで」

「当たり前や！」

和江さんがやわらかいままのペニスを握った。使用ずみのそれは縮んだままでまったく反応せず、若いころが懐かしい。

「もっと若かったらなあ」

「若かったら、なに？」

「すぐに勃《た》つし、二、三回できるぞ」

「えっ、さっきみたいになるん？」

縮んでマシュマロのようなペニスを摘まんでいる。淡泊だったご主人と私のペニスしか知らない和江さんは、若くて元気なペニスを知らない。

「若い人は体力があるし、チ×チンにもスタミナがあるからな」

「へえ、そうなん？」

和江さんの眼《め》がキラリと光った。

「精液もたっぷり出るぞ」

「ええなあ、若いって」

「いっぺん、若チンを食べてみたら？」

「食べるって、どうやって？」

「ママ活サイトで摘まんだらええ」

「ママ活って、なに？」

「熟女と若者のマッチングサイトや」

「熟女を相手にする若い子なんかおるん？」

「昼飯を食わせて、ホテル代を払ってやったら喜んで来るぞ」

「お金出したうえに、させたるんじゃなくて、させたるん？」

「それって、ツバメ？」

「そんなところやな」

「奥さんのセフレもそうなん？」

「家内のセフレは近所のオッサン」

「ええっ、知ってんの？」

「知らんことにしてるけどな」

「やっぱりおかしいで、あんたの家庭は」

「そんなん、どうでもええねん」

スマホでママ活サイトを検索して、和江さんに教えた。

「いやや、ウチはこれがええねん」

私のペニスを指さした。

シャワーを浴びて、次のデートの約束をした。

「来月まで一カ月間ためとこうか」

「なあ、奥さんも月イチ不倫？」

「いや、家内はしょっちゅうや」

「そんなん、ズルいわ」

「ズルい？」

「奥さんはしょっちゅうで、ウチは月イチ？」

拗《す》ねたような顔で私を見ている。

「仕事があるからしゃあない」

「ん、もう」

「だから、電マをプレゼントするって」

「電マは突いてくれへんし、液も出えへんやん」

「いらんか？」

「ないよりマシやから、もらうけどな」

ああ言えばこう言うのが、いかにも大阪のおばちゃんだ。

「ほな、飯を食いに行こか?」

「ホンマ? うれしい!」

和江さんが幸せを感じてくれているなら、私もうれしい。元気なうちは、和江さんを幸せにしてやりたい。

理系男子の言葉責め

神奈川県・主婦・三十九歳

九年前の寒い二月の夜。

いつもより遅い十時すぎに愛犬マロンの散歩に出かけると、見たことのある男性が前から歩いてきた。

それは、私が勤務していた本屋へやってくる常連さんだった。

百八十センチほどの長身で、細身ですらっとしていてロングコートが似合う、サブカル系メガネ男子。

「こんばんは」

とっさに挨拶をしたのは私だった。彼は驚きを隠せずに立ち止まり、誰だと不思議そうに私の顔を見た。

「犬の散歩ということは、住まいは近く？」

「そうなんです。また火曜日、お待ちしていますね」

私はひととおりの社交辞令を済ませて帰ろうとしたが、マロンが動かない。

「僕も同じ方向なんで」

彼はそう言うと、いっしょに歩こうという空気を醸し出した。

「あ、俺、瀬戸《せと》」

「あ、瀬戸さん。私は×本真理子です。そうなんです。長いんですよ」

私は、百六十五センチ、五十五キロで、女性の中では大柄なほうだ。

そして、勝手に無口なイメージだった瀬戸さんは、とても物腰やわらかで饒舌《じょうぜつ》だった。私と隣に並んでちょうどよい身長差だ。

マロンが空気を読んだのか、くんくんと寄り道をする。瀬戸さんは歩くスピードを私に合わせ、十五分ほどの散歩に笑顔でつき合ってくれた。

「ありがとうございました。楽しい散歩になりました」

「じゃあ、また」

私のアパートの下で別れる。瀬戸さんは振り返ることなく直進した。

ただの常連さんが、いい感じの常連さんに格上げされた夜だった。

翌日、私が店先でポスターを貼りかえていると、瀬戸さんがやってきた。

「あ、瀬戸さん、昨日はどうも。あれ、今日って火曜日じゃないですよね」

「まぁね。今日、何時までかなと思って……」

「今日は七時です。あと二十分ほど」

「じゃあ、ご飯でも？」

「いいですよ。でも、こんなラフな格好ですけど」

「問題ないよ」

私は、不思議とこの展開を楽しんでいた。けっきょく駅前の居酒屋に行き、三時間ほどふたりの時間を楽しんだ。

瀬戸信彦《のぶひこ》、ひとつ上の三十一歳。システムエンジニアをしていて、趣味はサイエンスを読むこと。ばりばりの理系男子だ。

数年ぶりのチャンスを無駄にはできない。私は瀬戸さんを部屋に招いた。

「ごめんね、マロンがいるから乱雑で」

「俺、犬は好きだから」

マロンは瀬戸さんに吠《ほ》えることもなく甘えている。そんな姿を見ていると、私も甘えたくなっていた。でも、言えない。

「こっち、来てよ」

自然に瀬戸さんがしかける。そして、ゆっくり顔を近づけると、そのまま私の唇を奪った。

十秒ほどのキスに、うっとりとする。

「私、はじめてメガネの人とキスした」

「そうなんだ。どう?」

「悪くない」

もう一度、瀬戸さんが私の唇をふさぐ。下唇をやわらかく挟むようにやさしく触れる唇が、私の眠っていた性欲を刺激する。

出会って間もないなんて、大人のふたりにはどうでもいい。お互いに欲情している事実が大切だ。

瀬戸さんの舌が入ってくる。舌先だけをからませ、まるで愛撫《あいぶ》をし合っているようなキス。吐息が漏れる。

「私、キスに弱いの」

唇を離し、私は訴えるが、やめてほしいわけではない。瀬戸さんは耳もとに息を吹きかけ、私を抱きしめた。

洋服の上からはっきりとわかる、たくましい胸板。

そして、やっぱりいい匂いがする。

「体温を感じないと」

「……体温？」

瀬戸さんの言葉に思わずくすっとした私をゆっくり倒し、私の両手を上にあげると、瀬戸さんはパーカーを一気にはぎ取った。

お気に入りの、ラベンダー色のブラジャーから、乳房がこぼれそうになる。

「きれいなおっぱいだね。締めつけられているから、出してあげよう」

ブラジャーを丁寧にはずして、パーカーの上にそっと置くしぐさにもドキッとしたのに、瀬戸さんがおもむろに自分もシャツを脱ぎ、すべすべの素肌を見せつけ、一気に身体が火照りはじめる。

顔を左に傾ける私に、容赦なく瀬戸さんの愛撫がはじまった。

「ううっ、あぁん」

乳首をちろちろと舐《な》めながら、お椀《わん》形の乳房をたぷんたぷんと揉《も》みしごく。

指先をすっと脇腹に這《は》わせ、瀬戸さんは私の反応をじっと眺めていた。

私は、ベッドではおしゃべりではない。歴代の彼も言葉で責める人はいなかった。

でも、瀬戸さんは私の言葉を待っている。それだけで全身のうぶ毛が逆立ち、じっとすることも難しい。瀬戸さんの手がジーンズのジッパーを下げ、中に侵入すると、私のパンティーがはっきり湿っているのがばれてしまった。

「自分で脱ぐから」

私はかぼそい声で瀬戸さんに訴えると、ゆっくり上体を起こしてズボンを脱いだ。

すると、熊がたくさんプリントされたボクサーパンツ姿の瀬戸さんが、私の視界に入った。

「熊だ」

思わず声を出したのは、その熊の中心部に大きな塊が存在するのを見逃さなかったからだ。

瀬戸さんが私に覆いかぶさった。私の肌よりもすべすべで、陶器のようだ。ぴったりおさまる感覚があり、ずっと顔を埋《うず》めていたくなる。ほどよい筋肉質の上半身に、信じられないほど私は発情していた。

瀬戸さんの細長い指がパンティーにかかる。

「クリトリスが大きくなってるんじゃない?」

瀬戸さんが私を言葉で責めたてる。ただ、それは私にはかなり効果的で、割れ目から愛液が滴るほどの昂《たかぶ》りを与えた。

その中へずぶりと入った指が、いやらしい音を響かせて前後に動く。

「あぁ……すごい」

「びしょびしょだよ」

全身が熱くなり、私の身体がのけぞりはじめる。

「もう少し脚をひろげて」

「恥ずかしい」

「舐めるから」

「いやだ」

必死で抵抗を試みるが、一瞬で瀬戸さんが私の秘部に舌を当てた。

「ああ、だめ、だめ」

ぺろぺろとすくいあげられたかと思えば、つんつんと舌先でクリトリスをイジメられ、焦らさる悦《よろこ》びが身体を支配する。

「気持ちいい……もう、お願い、早く」

私はもう待てそうになかった。

「瀬戸さん、入れて」

「なにをか言って」

「お願い、私の中に来て」

恥ずかしくて言えるわけがない。それでも言わないと、ご褒美はもらえないような怪しい視線を感じる。

「四つん這いになって」

「えっ」

いきなりバックからはじまるのかと、私は驚きを隠せない。でも、なぜか自分が研究材料になったような、どこかの研究室で裸にされているような、経験したことのない疼《うず》きを覚えた。

ゆっくり身体の向きを変え、私はそのまま膝をつき、お尻を突きあげた。

瀬戸さんのシンボルが、割れ目に擦《こす》られる。

おち×ちんの先が、にゅるっと私の中へ潜りこむと、瀬戸さんが腰をつかんで動きはじめた。

「すごい、すごい、ああ」

「ここがいいの？」

「うん、そこ、そこ」

瀬戸さんのおち×ちんを締めつける感覚が速くなり、子宮の奥まで当たるほどの破裂感を覚える。

そのとき、ふとなにかの気配を感じた。マロンがしっぽを振って、私たちの行為を見ていたのだ。

「やだ、マロンが見てる」

こんな光景を愛犬に見せるなんて、飼い主失格だという罪悪感が理性を奪う。

「あっ、マロンが」

なんとマロンが瀬戸さんの脚にからみはじめた。

まさに漫画のような、異常な光景である。

「やばい、なんか興奮する」

そう言って、瀬戸さんは動きをぴたっと止めると、私を抱きしめ、騎乗位になるよう体勢を変えた。

「クリを擦りつけて」

「うん」

もう私がなにを言っても、きっと瀬戸さんには通じない。マロンも私に甘え出し、なにをどうしていいのかわからないなか、感覚だけが研ぎすまされていく。

私はマロンを抱え、瀬戸さんが私の胸を揺らす。

「イッちゃう、どうしよう、イクッ、イク、ああ」

私は絶頂に達し、マロンとともに瀬戸さんの胸に倒れこんだ。

「大丈夫？」

はぁはぁと息を整える私に合わせ、瀬戸さんがまた腰を動かす。

イッたあとの、くすぐったいような、なんとも言えない余韻に浸ることもなく、瀬戸さんはまたすぐに私を悦ばせるつもりなのだ。

「もっと欲しいと言って」

理系男子の言葉責めセックス。私にとっては世紀の発見だったかもしれない。

寺町京極の夜

大阪府・会社員・五十九歳

俺が大学に通っていたころの話である。

高校まで中部地方の山間に育った俺は、第一志望の東京はだめだったが、運よく京都の大学には合格することができた。

夢にまで見た都会での生活。

東京がいちばんだったのだが、修学旅行で一度だけ行った京都も、もちろんあこがれの街だった。

下宿を選ぶことからはじめたものの、さんざん迷っているうちに、大学近くの適当なところはあっという間になくなってしまった。

「これなんかどうだろう」

大学からはそうとう離れてはいるが、寺町京極商店街《てらまちきょうごくしょうてんがい》にあった理髪店の離れを、探しあてた。

「とりあえず、当たってみるか」

いまのようにネットを検索すれば、写真がすぐに出てくる時代でもない。そうこうするうちにまったくなくなってしまう恐れもあるから、そこに決めてしまった。

四条通《しじょうどおり》に近いので、じっくりと勉学に励むという環境ではないが、そんなことはどうでもよい。

長い間放置されていたような部屋で陽当《ひあ》たりはお世辞にもよいとはいえないが、俺の城になると思えば、期待がうずまいた。

「学校をおろそかにするんじゃないぞ」

入学式前に荷物を運びこみながら、父が言った。

住んでみた京都は、俺の育った山奥とはまったく違った都会だった。それでも四方を山が囲んでいるので、やさしい感じがした。東京でなくてよかったと思った。

まもなく俺は行きつけのジャズ喫茶、ベル・エポックでアルバイトをしていた百合《ゆり》と顔なじみになった。彼女は俺が通っていた大学近くの短大の学生だった。寺町四条から自転車で通学していたが、雨の日は市バスを使う。そのとき、百合の通う短大の前をバスは通過した。茶色の煉瓦《れんが》づくりのいかにも学校といった建物だった。

偶然、百合がバスに乗りこんできた。

六月に入ってからの京都は蒸し暑い。人いきれと傘から落ちる雨滴で気分は暗かったのに、市バスの中が一瞬、明るくなったようだった。

湿っぽい空気の中で、目の覚めるような芳香が彼女から漂ってくる。

「こんにちは」

俺は百合に声をかけた。

「あ、こんにちは」

彼女が微笑《ほほえ》んだ。

ほんの少し雑談をしただけで、バスは御池通《みいけどおり》前に着いた。

「学校が終わって午後からは、ベル・エポックにいるから」

「えっ？」

ベル・エポックは彼女のバイト先であるジャズ喫茶の名前だが、そこで待っているから、来てほしいようだった。

百合は薄い生地の半袖ワンピースを着ていた。そのころに流行《はや》りはじめたボーイッシュな格好をしていないのが、好感を持てた。

大学の授業はうわの空だった。高校までとは違って、映画館のような椅子に座って、集中して小難しい勉強をしろというのが、そもそも俺なんかには無理というものだ。腕時計を見ても、外の景色を眺めても、退屈な講義は簡単には終わってくれない。ようやく終わってから、学食で腹こしらえを済ませた。百合のバイト先の店にも軽食はあるが、そもそもそんなものを目的にするべきではないと考えた。目的は高尚なジャズと、そして百合だ。

耳に心地よい、まろやかな鈴の音が響いた。

「いらっしゃいませ」

重厚なオークの扉を押して、俺は店内へ進んだ。

「よかった。来てくれたんや」

大学内では友人らしき者がいないこともなかったが、もちろん女の子はいない。学費と下宿代は仕送りしてもらっているものの、それだけでは乏しい。自由な資金も必要だから、アルバイトを探さなくていけないのだが、実際には動けていない。都会の空気を吸えることだけでもうれしくてたまらない状態が、この数カ月続いていたのだ。

お客はまばらだった。

「今日のお仕事はこれでおしまい」

コーヒーを飲みながら、俺はバド・パウエルに浸っていたが、エプロンをはずした百合が隣の席に座ったので、音楽はどこか遠くから鳴ってるように変わった。

「交代の子が来てくれたから、外へ出えへん。いいお天気やし」

こんなかわいい子といっしょに歩けるなら、俺に異存はない。

ビルの階段を下りて少し歩くと、鴨川《かもがわ》だった。

もうすぐ梅雨だが、空は青白く澄み、川面《かわも》はきらきら光っていた。

あちこちにいる鴨を指さしながら、俺たちは手をつないで歩いた。

橋のたもとで、俺たちは軽くキスした。誰が見ても正々堂々と恋人と言えるように。

「なんだか、おなか空《す》いちゃった」

「僕の下宿の近くにいい蕎麦屋《そばや》がある。そこでいいかな」

百合は曖昧にうなずいた。

俺は、新京極《しんきょうごく》の狭い蕎麦屋に彼女を案内した。

「ごめん。私、蕎麦アレルギーなんや」

遠慮して言いにくかったようだ。

「いいよ。うどんもあるから」

俺は天ぷら蕎麦、百合はわかめうどんを食べた。

「満足、満足」

おなかをたたいて、百合はにっこりした。

「ほんとはね、私、こんなお店でバイトしたいねんけど」

「家族が反対？」

「そう。特に父がね。叔父がやってる店だから、そこだけは安心してる。でも、たまには鬱陶しくなる。あのスピーカーとレコードがね。ぜんぶ叔父のコレクションなんやけど」

百合の言うことは、なんとなくわかる。大型冷蔵庫のようなマランツのオーディオ機器は、見ようによっては客を威嚇しているようでもある。

音楽雑誌で紹介されたこともあるそのお店は、百合の叔父が大いに自慢しているという。

店に百合がいないとき、コーヒーを何杯も注文して気分が悪くなったこともある。

そのうち彼女の叔父とも面識ができ、音楽談義もするようになり、百合がいなくても、快適に過ごせるようになった。

「あなたの部屋、見てみたいな」

「え、だけど、僕の部屋、すごく汚ないから」

それに、もし部屋に連れこんだことを百合の叔父さんに知られでもしたら、叔父さんが鬼のような形相を浮かべそうである。

「平気、平気。それとも私のこと、もう飽きたん？」

「そんなこと、ぜったいないよ」

俺は彼女を抱きよせ、しなやかな体の感触を楽しむ。セミロングの髪からは、ほのかにシャンプーの香りがする。見かけより大胆で積極的な子だと思った。

下宿先である古いつくりの離れは、驚くほどゴキブリが出た。ゴキブリが出るのは、きれい好きとは言えない自分にも非はあるわけだから、百合を招待することに腰がひけるのもとうぜんだった。

「わあ。こんなとこ来るの、はじめて」

数脚しかない奥に細い散髪屋を突っきった庭のまだ向こうに離れはあったのだが、陽当たりは悪い。

「思うてたより落ちつくやん」

俺はあわててエアコンをつけた。六畳もない狭い部屋だから、冷気はすぐに部屋全体に行きわたった。

俺はそれまで女性経験は皆無だった。高校の同級生たちとはエロ話に興じた経験はあっても、目の前に百合のような女がいると、ものおじしてしまう。

ライトグリーンの薄地のワンピースの下に、肌が透けている。脇から腰にかけてのラインがなまめかしく、俺は唾を飲みこんだ。

百合が俺との距離を縮めてきた。彼女の体温が身近に迫ってくる。

俺は目をつぶって百合を抱きよせ、唇を彼女の口に押しあてた。

離れの奥からは、四条通に続く狭い路地がある。そこから俺たちがいちゃつく姿が見えるのではないかと気になった。

百合は放心して、畳に座りこんだ。

その瞬間、肩からワンピースの袖がはずれて、白いブラジャーが見えた。女子校のころから使っているような、装飾のないものである。

そこからのことは、正確な記憶はない。

俺は百合のワンピースを破れるように脱がせ、自分も裸になった。

雑誌でさんざん見たように、百合の脚を大きくひろげて、ペニスを挿しこんだ。

数回出し入れしただけて、あっけなく射精。

百合の股間から少量の鮮血がにじみ出ているのをはっきり見た。

「これでやっと大人になったんやね。うれしい」

百合は俺の首すじを両腕で抱えこみ、俺も彼女を抱きしめたのだった。

◉本書は「夕刊フジ」に投稿、掲載された手記を収録しています。

左記は初出一覧。一部は文庫収録の際に改題しています。

「いつでもいいのよ」（2019年11月）
「戻ってきた女」（2020年1月）
「街のあかり」（2020年2月）
「フェラの追憶」（2020年3月）
「バレンタインの余波」（2020年3月）
「元・毛深い女」（2022年1月）
「嫉妬するおばちゃん」（2022年2月）
「理系男子の言葉責め」（2022年3月）
「寺町京極の夜」（2022年5月）

「二股男の誘惑」（2019年6月）
「フィギュアの女」（2018年10月）
「覗かれる快感に」（2018年12月）
「クモの巣談議から」（2019年6月）
「春先の愉悦」（2019年2月）
「合コンで出会って」（2019年4月）
「沖縄の豊乳ママ」（2019年5月）
「単身不倫」（2019年9月）
「癒やしの海、癒やしの女」（2019年11月）

監修　桑原茂一
編集協力　松村由貴（株式会社大航海）

＊の作品は電子書籍もあります。

袋小路
キャサリン・コールター
林　啓恵［訳］
〔FBIシリーズ〕
全米震撼の連続誘拐殺人を解決した直後、サビッチのもとに妹の自殺未遂の報せが入る…。『迷路』の名コンビが夫婦となって大活躍！　絶賛FBIシリーズ第二弾!!

代償
キャサリン・コールター
林　啓恵［訳］
〔FBIシリーズ〕
サビッチに謎のメッセージが届き、友人の連邦判事ラムジーが狙撃された。連邦保安官助手イブはFBI捜査官ハリーと組んで捜査にあたり、互いに好意を抱いていくが…

追憶
キャサリン・コールター
林　啓恵［訳］
〔FBIシリーズ〕
首都ワシントンを震撼させた最高裁判所判事の殺害事件。殺人者の魔手はサビッチたちの身辺にも！　夫婦FBI捜査官サビッチ&シャーロックが難事件に挑む！

土壇場
キャサリン・コールター
林　啓恵［訳］
〔FBIシリーズ〕
深夜の教会で司祭が殺された。被害者は新任捜査官デーンの双子の兄。やがて事件があるTVドラマを模した連続殺人と判明し…!?　待望のFBIシリーズ第三弾！

背信
キャサリン・コールター
守口弥生［訳］
〔FBIシリーズ〕
ハリウッドで若い女優の連続殺人事件が発生。一方、ワシントンDCでは名だたる富豪が毒殺されそうになるがその目的は!?　人も羨む世界の裏にある人間の闇を描く！

謀略
キャサリン・コールター
林　啓恵［訳］
〔FBIシリーズ〕
婚約者の死で一時帰国を余儀なくされた駐英大使のナタリーは何者かに命を狙われ、若きFBI捜査官デイビスに助けを求める。一方あのサイコパスが施設から脱走し…

奔流
キャサリン・コールター
守口弥生［訳］
〔FBIシリーズ〕
妊婦を人質に取った立てこもり事件が発生。〝エニグマ〟と名乗る犯人は事件のあと昏睡状態に陥り、さらにはその後生まれた赤ん坊まで誘拐されてしまう。最新作！

幻惑
キャサリン・コールター
林 啓恵［訳］
〔新FBIシリーズ〕

大手製薬会社の陰謀をつかんだ女性探偵エリンはFBI捜査官のボウイと出会い、サビッチ夫妻とも協力して真相に迫る。次第にボウイと惹かれあうエリンだが……

鼓動
キャサリン・コールター
水川 玲［訳］
〔新FBIシリーズ〕

「聖櫃」に執着する一族の双子と、強力な破壊装置を操るその祖父――邪悪な一族の陰謀に対抗するため、FBIと天才的泥棒がタッグを組んで立ち向かう！

錯綜
キャサリン・コールター
林 啓恵［訳］
〔FBIシリーズ〕

捜査官の妹が何者かに襲われ、バスルームには大量の血が!? 一方、リンカーン記念堂で全裸の凍死体が発見された。早速サビッチとシャーロックが捜査に乗り出すが…

残響
キャサリン・コールター
林 啓恵［訳］
〔FBIシリーズ〕

ジョアンナはカルト教団を運営する亡夫の親族と距離を置き、娘と静かに暮らしていた。が、娘の〝能力〟に気づいた教団は娘の誘拐を目論む。母娘は逃げ出すが……

死角
キャサリン・コールター
林 啓恵［訳］
〔FBIシリーズ〕

あどけない少年に執拗に忍び寄る魔手！ 事件の裏に隠された驚くべき真相とは？ 謎めく誘拐事件に夫婦FBI捜査官S&Sコンビも真相究明に乗りだすが……

失踪
キャサリン・コールター
林 啓恵［訳］
〔FBIシリーズ〕

FBI女性捜査官ルースは休暇中に洞窟で突然倒れ記憶を失ってしまう。一方、サビッチ行きつけの店の芸人が何者かに誘拐され、サビッチを名指しした脅迫電話が…！

閃光
キャサリン・コールター
林 啓恵［訳］
〔FBIシリーズ〕

若い女性を狙った連続絞殺事件が発生し、ルーシーとクープの若手捜査官が事件解決に奔走する。DNA鑑定の結果犯人は連続殺人鬼テッド・バンディの子供だと判明し!?

ザ・ミステリ・コレクション

殺人《さつじん》は太陽《たいよう》の下《した》で　フロリダ・シニア探偵《たんてい》クラブ

2023年10月20日　初版発行

著者　ステフ・ブロードリブ
訳者　安達眞弓《あだちまゆみ》

発行所　株式会社 二見書房
東京都千代田区神田三崎町2-18-11
電話 03(3515)2311［営業］
03(3515)2313［編集］
振替 00170-4-2639

印刷　株式会社 堀内印刷所
製本　株式会社 村上製本所

落丁・乱丁本はお取り替えいたします。
定価は、カバーに表示してあります。

ISBN978-4-576-23111-2
https://www.futami.co.jp/

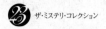

◉新人作品**大募集**◉

マドンナメイト編集部では、意欲あふれる新人作品を常時募集しております。採用された作品は、本人通知のうえ当文庫より出版されることになります。

【応募要項】 未発表作品に限る。四〇〇字詰原稿用紙換算で三〇〇枚以上四〇〇枚以内。必ず梗概をお書き添えのうえ、名前・住所・電話番号を明記してお送り下さい。なお、採否にかかわらず原稿は返却いたしません。また、電話でのお問い合せはご遠慮下さい。

【送 付 先】 〒一〇一 - 八四〇五 東京都千代田区神田三崎町二 - 一八 - 一一 マドンナ社編集部 新人作品募集係

私《わたし》の性体験《せいたいけん》投稿《とうこう》 乱《みだ》れる吐息《といき》

二〇二四年 一 月 十 日 初版発行

発行◉マドンナ社

発売◉二見書房 東京都千代田区神田三崎町二 - 一八 - 一一

電話 〇三 - 三五一五 - 二三一一（代表）

郵便振替 〇〇一七〇 - 四 - 二六三九

編者◉夕刊フジ【ゆうかんふじ】

印刷◉株式会社堀内印刷所 製本◉株式会社村上製本所 落丁・乱丁本はお取替えいたします。定価は、カバーに表示してあります。

ISBN978-4-576-23145-7 ◉Printed in Japan ◉©マドンナ社

Madonna Mate

40

フィリップ

　フィリップは人とやり合うのが大の苦手だ。やり合うくらいなら、なかったことにしようとする。それなのに、リジーはとがめるような目で自分を見るし、わざとらしいほど大きなため息をつくのもやめようとしない。だからコーヒーを持って書斎に行き、ドアを閉めた。書斎に引きこもってしまえば、自分を見るたび、見損なったと言いたげな表情を見せる妻と顔を合わせずに済むし、問いただされても答えなくていい。リジーの疑問に答える気はさらさらない。ほとぼりが冷めれば訊いてこなくなるだろうし、また、いつものふたりに戻れるだろう。フィリップはそうあってほしいと思っていた。

　当面は事件とパトロール日誌に専念したい。見落としていたかもしれないこと、重要ではなさそうなことを探そうと、やっと思えてきた。グラフテン家の孫息子が犯人

でなければ――リックはそう思っているようだ――警察は新たな手がかりを探している。フィリップは若いころからずっと、手がかりを見つけるのが得意だった。自分ならやれる自信がある。ただ、そのためには腹を決めなければならない。

自分たちが住んでいる界隈、その周辺、泥棒に入られた場所、犯行現場と、パトロール日誌を場所別に分けて整理した。あの日の当番は、クリント、パメラ、クレイトン、ドナルドの四人だ。この四人の日誌をピックアップしてから、フィリップは椅子に座り直して読みだした。

ドナルドの日誌を読み終え、パメラの日誌の途中まで読んだところで、開いたドアをノックする音で集中が途切れた。フィリップは舌打ちして、かまわず読み続ける。ノックの音が大きくなる。うるさいな。「男には安らぎの時ってものがないのか？」と、ぼやきが口をついて出る。

もう一度舌打ちして、ドアのほうを見た。

リジーが立っていた。マグをひとつ手にしたまま、ドアから一歩入ったところでうろうろしている。「コーヒーを持ってきたんだけど」

フィリップはコーヒーはもうたくさんだった。まだ正午にもなっていないのに、一日四杯と決められた量のコーヒーをすでに飲み終えていた。だからといって、ここで

断ってリジーの機嫌を損ねたくはない。「ありがとう」

リジーはそれ以上何も言わずにマグをわたしたが、身をこわばらせ、動きはぎこちなく、言葉にしなくても妻の気持ちはフィリップに伝わってきた。コーヒーを手わたすときのリジーは、まるで犯罪者を見るような目をしていた。フィリップは顔をそむけた。それもこれも、警察をやめたいきさつの一件で話がこじれたからだ。リジーはどうしてなかったことにできないんだ？　もう昔のことだし、ここで幸せに暮らしているじゃないか――妻がなぜわざわざこの話を蒸し返すのか、フィリップには理解できなかった。

クソいまいましいゴールディングめ。そもそもの原因はあいつにある。あの刑事に言われたことをリジーにそのまま話してしまった自分に悪態をつく。退職記念パーティーのあと、リジーの様子がおかしかったことも、あわただしく退職を決めたのはただの判断ミスや心臓発作のせいではなく、もっと別の理由があるに違いないと妻がほのめかしたことも、フィリップはすっかり忘れていた。リジーもしばらくよそよそしくしていたが、フロリダに来てからは関係も修復し、わだかまりは水に流したようだったのだが。あのときフィリップは、夫婦で生活環境を大きく変えるべきだと考えた――新しい環境で心機一転を図ろうと。だからリジーを説得し、フロリダまで来た

んじゃないか。

「何をしているの？」リジーがフィリップに訊く。

「当日にパトロール当番だった連中の日誌を調べている――見落としていることがないか探しているんだ」

「いい考えね」リジーは声に抑揚をつけず、感情もこめずに言った。「あのね、あなた――」

そのとき、ドアベルが鳴った。ふたりは同時に廊下と玄関に目をやった。だが、どちらも玄関に向かおうとはしなかった。

「あなたが出て」リジーが言う。

フィリップは手にしたパトロール日誌に目をやった。「きみが行ってくれ……」

リジーはため息をつくと、首を振ってから玄関へと歩いていった。

このくそったれが、フィリップは口には出さずに悪態をついた。持っていた日誌を置き、彼も立ち上がってリジーのあとに続いた。廊下の突き当たりにある玄関まで行くと、妻はドアを開くところだった。リジーが投げた冷たい視線にひるみ、また書斎へ引っこんでしまいたくなる。だが、ドアの向こうにいる来客に気づくと、フィリップはリジーの肩に手をやって笑顔を見せた。自分に触れられたせいで、リジーがたじ

ろいだが、フィリップは気にしないことにした。そういうことは頭から追い出すのだ。体面を取りつくろおう、夫婦は一心同体なのだ。それが一番だ。

「おはよう」リックが戸口から中に入ろうとしている。「調子はどうだ？」

ふたりの間に流れる不協和音をリックに悟られたのではないかと、フィリップは一瞬案じた。リジーはいつものポーカーフェイスでリックにほほえんだので、ほっとする。リックに愛想よく振る舞っているなら、妻が自分につんけんすることはあるまい。

「モイラが見つけた携帯電話を解析しているところ。フィリップはパトロール日誌を読み返しているのよ」

「収穫はあったか？」

「電話の解析はまだ終わっていないわ」リジーはフィリップのほうを見たが、目を合わせようとはしなかった。

「ぼくは日誌に目を通している。まだ読まなきゃいけない」

リジーはリックの後ろに回ってドアを閉めた。「あなたのほうはどう？　新しい情報は見つかった？」

「警察の情報提供者から電話をもらったばかりだ。昨日、司法解剖が行われた。被害者の死因は溺死、おれたちが予想したとおりだ。被害者は撃たれた傷から大量に出血

したものの、直接の死因じゃなかった。状況から考えて、彼女は水中で大量に失血したせいで意識を失い、そして……」リックは悲しげに首を振った。

「だったら彼女は水に落ちた時点ではまだ生きていたはずよね」リジーが言った。

「わたしたちが予想したように」

「たしかにそのようだな」とリック。

フィリップが頭のてっぺんを手でなでながら言った。「銃はどうなんだ、見つかったのか？」

「いや。まだだ。二二口径だと判明していて、凶器が出てこないかぎりは断定できないが、クリステンは自分の銃で撃たれたと警察は見ている」

「彼女が銃を持っていたの？」

「ああ、クリステンの名義で、二二口径、パールグリップの銃が登録されているんだが、現物はまだ見つかっていない。警察が彼女の自宅を探索しても、何も出てこなかったそうだ」

銃を携行する若い女性――ここはアメリカだ、誰もが当たり前のように銃を持っている国なのだから、別に驚くようなことではない。だが、どこか引っかかるところがある。「彼女が発砲した可能性は？」

「犯行現場に関して言えば、それはないと思うな」リックがあごをなでながら言った。「両手に硝煙反応があれば、おれの情報提供者がそう言うはずだからな」

「そうだといいわね」リジーはそう言ってからふたりに背を向けると、キッチンへと向かった。

フィリップとリックはリジーのあとに続いた。リックは自分たち夫婦の冷え切った空気に気づいただろうか。元麻薬取締官で勘のいい男だ、仲のいいふりを装っても、アイコンタクトが減ったり、ピリピリした緊張感を漂わせていたりすることで察するだろう。世間体が悪いので、夫婦の問題は表沙汰にしたくない——プライベートな不平不満を公にするものではない。

昨夜のリジーの怒りっぷりを思い出すと、胸のあたりがきゅっと苦しくなってくる。妻があれほど自分に逆らうのは結婚してからはじめてのことだ。とはいえ、怒りもそろそろおさまるころじゃないか？　フィリップはそう思うことにした。すぐまたいつもの穏やかなリジーに戻るはずだ。

「きみの情報提供者はほかに何か、いい情報をくれたのかい？」キッチンに入り際、フィリップがリックに訊いた。

リックはカウンタートップに寄りかかった。「被害者は〈ザ・ホームステッド〉で

働く人たちが暮らす〈ゴールデン・スプリングス〉のスタッフ向け住宅地域の賃貸アパートメントに住んでいた。陸運局《DMV》には車両の登録情報がなかった。あとできちんと確かめるが、〈フライング・ムスタング・カジノ〉から自宅まで歩いて最短距離となると、ワイルド・リッジ・トレイル経由で〈オーシャン・ミスト〉を通過すれば、〈ゴールデン・スプリングス〉のスタッフ住宅がある第八居住区——〈ウィスパリング・パームズ〉の入り口にたどり着く」

「カジノのディーラーなら勤務シフトは毎日違うわよね」三つのマグにコーヒーを注ぎながらリジーが言った。「ああいうカジノは年中無休だから」

「ああ、そのとおりだ」リジーからコーヒーを手わたされ、リックはうなずいてお礼の気持ちを伝えた。そしてフィリップのほうへと向き直った。

対するフィリップは、リジーがどうしてそんなにカジノに詳しいのだろうかと考えていた。一度も行ったことがないだろうに。自分が知るかぎり、リジーはカジノに足を踏み入れたことがないはずだ。かといって、今は妻に確かめるタイミングでもない。彼はリックを見て言った。「別の居住区にあるスタッフ向け住宅に住んでいる被害者が、なぜカジノに勤めていたんだ？　勤務先に近いところに住むのが当然じゃないか？」

「いい質問だ」とリック。「クリステンがカジノで働くようになったころ、〈コナルド・プレインズ〉付近のスタッフ住宅に空きがなかったんだろう」

「そうだったのかもね」リジーは自信のなさそうな口ぶりで言うと、フィリップに目配せをするでもなく、ガタンと大きな音を立てながら、彼のすぐそばのカウンターにコーヒーの入ったマグを置いた。「調べてみる価値があるわ」

リジーの機嫌が悪いのは、せっかく淹れたコーヒーのマグを自分が手に取らなかったからだろうか。フィリップは首を振った。リックの情報提供者が新鮮なネタをこれほど押さえているなら、ゴールディングもそろそろ事件にきちんと対応しているのかもしれない。「警察の捜査は進展したようだな」

「ああ、そうだとも。司法解剖もそうだが、警察にかなり大きな手がかりをくれてやったも同然だ――ステーションワゴンのナンバープレートから被害者ともっとも近い人物を特定できたし、そいつから被害者の身元がわかったわけだしな。お前さんのほうはどうだ？　事件当日にパトロール当番だったやつらの日誌で、手がかりになりそうな事実が判明したかい？」

「いや、まったくだ」フィリップは、リジーから無視されているせいで作業が手につかないのをリックに悟られたくはなかった。「それに、窃盗事件があった地域に設置

されていた防犯カメラの映像をおさめたハードディスクやUSBドライブは破壊された。パトロール当番は、あのときはたいしたことじゃないと思っていたが、今となっては有力な手がかりとなるものを目撃しているかもしれない」

「たとえば?」リックが訊く。

フィリップは肩をすくめた。「わからん。でも何かあるだろう。クリステンが殺されるまでの二週間でクリントとドナルドのふたりは被害者を目撃したか、ステーションワゴンを目撃しているところまでは情報をつかんだ。クリステンの住所もわかったし、仕事の行き帰り、かなり夜遅くにぼくたちの家の近くを通っていることも確認できた。クリント、ドナルド、パメラ、クレイトンがパトロールした地域で窃盗と殺人があり、被害者のクリステンが通りかかった可能性もあるんだ」

「クリステンが何かを目撃したとも考えられるな」とリック。

フィリップは、プールの底で見つかった被害者のリュックサックに入っていた、脈絡のない品物のことを思い出した。前に四人で立てた推理についても。「ひょっとしたら、ぼくらの見立ては間違っていたのかもしれないぞ——窃盗犯はクリステンじゃないのか?」

リジーが小首をかしげてリックに言った。「あり得る話ね。事件が起こったタイミ

ングとも合う。彼女がやっていなくても、関係者の可能性は捨てられない」

「じゃあ、彼女は窃盗事件の関係者に殺されたのか？」リックが訊いた。

「もしかしたらね」リジーがコーヒーをひと口飲んでから答えた。「掘り下げる価値のある推理だわ」

フィリップはマグを握る手に力をこめた。クリステンと窃盗事件との関連性に言及したのは自分なのに、すぐそばにいるリジーは夫を無視してリックとばかり話している。自分はリジーの夫なのに、妻はぼくの存在を認めようともしない。こちらは射るような視線で見つめているのに、リジーは気づくそぶりすらない。フィリップはあきらめて視線をそらすと、大きくため息をついた。

「同感だな」リックはフィリップとリジーの険悪な雰囲気には気づいていないようだ。「窃盗があった日にパトロール当番だった連中から話を聞けば、もっとあれこれ思い出してくれるかもしれない。それに、今週のパトロール日誌をクリントからまだ受け取っていないんだ。彼の日誌をもらったら〈フライング・ムスタング・カジノ〉に寄って、被害者の仕事仲間と話をしてこようと思ってるんだが、クリントに会ったついでに、別の目撃情報がないか訊いてみるってのはどうだ？　あの日当番だった、ほかの連中と会ってもいいな」

「ぼくも日誌を読み終えたところで彼らと話をするつもりでいたんだ」フィリップはそう言うと、いつもより乱暴にマグをカウンタートップに置いた。大きな音がしようとかまうものか。パトロール日誌の洗い出しはそもそもフィリップの発案だった。人のお株を奪うような真似をリックにはしてほしくなかった。「だから、ぼくもきみと一緒に行くよ」

41

モイラ

モイラはギアをパーキングに入れ、エンジンを切った。すぐに外には出ないで、しばらくそこで考えをまとめることにした。昨夜はあまりよく眠れず、うとうとしたらしたで、その日のことを夢でふたたび体験していた。ゴールディングとフィリップの口論も夢に出てきた。ゴールディングの声には怒りや脅迫めいたもの以外に、恐怖らしきものも感じられた。目覚めてみると、夢であったことが現実かどうか、日中見聞きしたことで認識がゆがんだのかもわからなくなっていた。

モイラは自分の額に指で触れながら、頭を整理しようとした。フィリップにあれほどの打撃を与えるような決定的情報を手に入れたというのに、ゴールディングはなぜフィリップを恐れるのだろう。だいたいゴールディング刑事は最初から、モイラたち四人を捜査から追い出すためならどんなことでもしてきたし、老いぼれのシニアと軽

視していた。行動が矛盾している。取るに足りない老人扱いするのなら、なぜ四人が犯行現場に顔を出すことをあんなに忌み嫌うのか。

モイラは病院の入り口を見やった。イギリスにいたころに通っていた国民健康保険《NHS》系の病院とはまったく違う佇まいの場所だ。噴水や見事な庭園を配し、医療機関というより、五つ星ホテルと呼んだほうがふさわしい。病院の住所とともにリックが送ってきたメッセージで、病室の番号をもう一度確かめる——二四三号室。ここにハンクが入院している。彼と面と向かって話したいことがモイラにはあった。

案内板に従って受付へと進むと、二階まで吹き抜けの空間が広がっていた。モイラはまたしても、病院とは思えない豪華な造りだと思った。消毒液のにおいなど一切せず、マホガニーの受付デスクと高さ一メートルあまりのシルクフラワー（布で作った造花）のディスプレイがあった。どこを見ても上品で洗練されている。案内板の表示は病院というよりホテルのようで、床はウッドかラミネート材を使ったフローリング仕上げだ。

ハンクの病室への行き方を聞いたあと、モイラはエレベーターで二階に上がる。エレベーターを降りるとホワイエに小さなシルクフラワーのディスプレイがあった。ここまで来るとようやく病院らしくなる——手術着姿の看護師が廊下を急ぎ足で行き交い、エレベーターに隣接した部屋から医療機器の音が聞こえてくる。息を吸うと、か

すかに消毒液のにおいがした。

　ホワイエで立ち止まり、二四三号室の場所を示す案内板を探していると、耳にイヤホンを挿し、警備員の制服を着たスキンヘッドの男が近づいてきた。

「身分証明書をご提示ください」

　モイラは言われたとおりに運転免許証を見せた。

　運転免許証を手にした警備員は、写真とモイラを数回見比べた。「ここには何のご用ですか、ミズ・フリン?」

「友人を見舞いに来ました。二四三号室に入院中です」

　警備員はまだ免許証を見ている。「いつ入院された患者さんですか?」

　モイラはだんだん不安になってくる。警備員の手から免許証をひったくり、ここから立ち去りたくなった。だが弱気になっている場合ではない。心の動きを悟られないよう、穏やかに話す。「昨日です。襲撃を受け、倒れているところをわたしが見つけました。ですから様子が気になって見舞いに来たんです」

　警備員はしばらくモイラの顔を見ていた。免許証を彼女に返すと「殴られたのはご友人だけじゃなさそうですね」と言った。

　モイラはうなずいた。「そうです」

警備員は思いやりあふれる笑みをモイラに返した。「いや、大変失礼しました。あなたもご友人も早くよくなりますように。二四三号室は、こちらの廊下を途中まで進んだら、右折して五つ目の病室です」

「ありがとう」モイラは免許証をバッグにしまった。

「とんでもありません」

警備員から教わったとおりに廊下を進むと、ハンクの病室が見つかった。ドアのすぐ外に立ち、ハンドルをつかもうとしたところで手を止めた。自分は捜査官としてここに来たわけでもなく、ハンクとは友人と言えるほど親しくもない。これまではお互い、通りすがりに何度か挨拶を交わしただけで、モイラが昨日、自分が倒れているところにやってきたことすらハンクは覚えていないだろう。見舞いに来たことで、プライバシーを侵害されたとハンクに思われなければいいけど。

モイラはそそくさとノックをしてからドアを押し開いた。

点滴や心拍数モニターといった医療機器がなければ、淡い色の壁、オーク材の家具、人間工学を採用した寝心地のよさそうなベッドに、パリッとしたリネンの寝具、厚みのあるブランケットと、まるでホテルの客室のようだった。ハンクはベッドの背中部分を起こして座り、壁掛け式テレビで放送中のフットボールの試合に見入っていた。

モイラが病室に入ると、ハンクはテレビの音量をミュートにしてから彼女を見やった。スペアがあったのだろう、別のメガネをかけているが、内出血で顔は紫色と黄色のまだらで、後頭部の傷口に当てたガーゼを押さえるため、頭に包帯を巻いている。そんな状態でも目には輝きが戻り、心拍数モニターがピッピッという音を鳴らし、点滴の針が刺さってはいても、たくさんの機械につながれた、重篤な状態は脱したようだ。

威圧感を与えず、捜査とは関係ないという態度を見せようと、モイラは両手を脇に下ろし、くじいていないほうの足に重心を乗せると、満面に笑みをたたえてハンクと向き合った。「どうも、ハンク、モイラです。覚えているかわからないけど、わたし、〈ザ・ホームステッド〉の住民です。どんな具合か様子を見に来ました」

ハンクはモイラと目を合わせると、ふた呼吸置いてから話しだした。「意識を取り戻したとき、ぼくは守護天使に助けられたって聞いたよ」ハンクはにっこり笑って、座ったまま背筋を伸ばそうとしたが、痛みが走って顔をしかめた。「その様子だと、きみもひどくやられたんだね。守護天使はきみなのか」

守護天使と呼ばれていい気分なのかどうか自分でもよくわからなかったが、モイラはうなずいた。顔を洗って保湿クリームを塗っただけ、顔の半分はあざだらけ、絆創

膏を貼ってひきつれた肌と、朝方、鏡に映った自分を見ても、とうていきちんとした格好をしているとは思えなかった。「わたしがあなたを見つけました。あなたを襲った男が逃げたので捕まえようとしたんですが……」と言って、モイラは自分のあざだらけの顔に手をやった。

「だったらぼくは、きみに心からお礼を言わなければならないな。襲われたあとにすぐ助けられ、病院に運ばれたのは運が強かったと医師《せんせい》たちから言われたんだ。ほら、失血の量が多かったから」ハンクは包帯を巻いた頭に手をやった。「今ここに、こうしていられなかったかもしれない」

事務所で倒れていたハンクの様子が頭をよぎる――ピクリともせず横たわり、顔面は蒼白《そうはく》で、頭の傷から流れ出た血が床にたまっていた。「今の気分は？」

「巨大なトラックを相手にスパーリングができそうなぐらい元気さ。きみはどうだ？」

モイラは笑みを漏らした。「似たような感じかしら」

「ぼくを襲ったやつの顔は確認できた？」

モイラは首を振った。「だめでした。目出し帽を着けた上にパーカーのフードをかぶっていたから、大まかな体型しかわからない――背丈とか。あなたは？」

「いいや。入ってきた物音にも気づかなかった」ハンクはふうっと息をついた。がっかりしているのが、はっきりと顔に出ている。「作業中、あの悪党が背後からおれに忍び寄ってきた。各防犯カメラのテープにちゃんと録画されているかどうかを確かめて、朝一番のコーヒーを飲んでいた――と思ったら、ここのベッドに寝かされていたってわけさ」

モイラの推理どおり、ハンクは背後から襲われたようだが、自分と同様、彼も犯人の顔を見ていないのがやはり口惜しい。「テープっておっしゃってたけど、デジタル録画のバックアップを取るためビデオテープを使っているんですか?」

首を振ったせいで頭がまた痛くなったのか、ハンクは表情をくもらせた。「すまん、ついいつもの癖で。ここ数年、めっきりテープを使わなくなったんだが、何しろぼくは古い人間でね。全部コンピューターで処理できるのに、まだテープやリールを使っている気分でいる。映像はすべてコンピューターに保管し、USBドライブにバックアップを取っているのに」

あの日、モニター室の床には破壊されたUSBドライブが落ちていたし、ハードディスクが抜き取られ、コンピューターにぽっかりと穴が開いていたのをモイラは思い出した。モニター室はことごとく破壊されていた。「全部やられたよ。コンピュー

ターのハードディスクは盗まれるし、USBドライブは破壊されるし」

ハンクはブランケットを握った拳に力をこめた。首を振っては痛さに顔をしかめ、小さな声で雑言を吐く。しばらくしょんぼりとうなだれていたハンクだが、不意に振り返ってモイラを見ると、指先でこめかみをトンとたたいた。「ただ、ありがたいことに、記憶はやられてはいなかった」

モイラの胸に希望の炎がともった。「何を見たんです？」

ハンクはベッドの脇にある見舞客用の椅子に座るよう、手ぶりでモイラに勧めた。

「襲われる前、〈マナティー・パーク〉周辺の防犯カメラのデータがほしいと警察から依頼があった。〈マナティー・パーク〉では、パーティーや事前に利用届が出ていないかぎり、閉園から開園まで、カメラの電源を切っておくんだ。だがそのとき、別のカメラをチェックして役に立ちそうな映像がないか確認すると警察に伝えた。防犯カメラのデータを丹念にチェックしてデータを整理していたら、オフになっていたカメラがあったのに気づいた」

「それってどういうことです？」モイラは椅子を引っ張ってハンクに近づいた。

「まず、〈マナティー・パーク〉付近の道路周辺のカメラが事件当夜、電源が切ってあった。その前の晩までちゃんと稼働していたのに、あの晩映っていたのは砂嵐、つ

まり、誰かがカメラを破壊したんだ。〈マナティー・パーク〉を中心に、広範囲にわたってカメラの映像をチェックしたんだが、警察から請求された時間帯に、あの地域には誰もいなかった。グラフテンさんちの孫、マイキーをのぞいてはね」

モイラは思った。マイキーの弁護士にとっては不利な情報かもしれない。リックはマイキーの無実を信じているが、数少ない証拠はどれもマイキーに不利なものばかりだった。

「どうあれ、こちらもおいそれとあきらめるつもりはないし、引っかかっているところもあるんだ。ビデオ通話に出た警官たちは被害者の女性の写真を見せ、この子に見覚えはないかと訊いた」

「〈オーシャン・ミスト〉で見かけたことがあったんですか？」

「それなんだけど、最初は思い出せなかった——日頃からたくさんの画面の前に座って、大勢の人たちを見ているわけだから。だけどね、テープを観ながら網を張ってたら、飛んで火に入る夏の虫が引っかかったんだ」ハンクはふくみ笑いをして、包帯を巻いた頭に手をやった。「下手なシャレだと思わないでくれよ」

ハンクのユーモアにくすりと笑いながらも、もっと要点をまとめて話してほしいとモイラは思った。

「被害者の子はつい最近見たよ、別の晩にね」

そういえば、彼女とマイキー・グラフテンが一緒に車の中にいるところを目撃されたとリックが言っていたのを思い出し、モイラは訊いた。「シーホース・ドライヴに駐まっていたステーションワゴンの中にいたんですか？」

ハンクは眉をひそめた。「いや、そこじゃないな、近所だけど別の場所だ」しばらく考えこんでからハンクは大きくうなずいた。「クリスタル・ウォーターズ・ブルーバードに近い路上だったよ。夜食を食べながらテープを再生し、チェックしていて見かけたから、よく覚えている。ナッター・バター（ナビスコ製ピーナツバター・クッキー）がうまくてね。あの日、ぼくは夜勤だったんだ。午前一時を回っていたはずだ。外は真っ暗だった。画面にはほかに何も見えなかった。すると突然、あの子が歩道を駆けてきたもんだから、心配になってさ。こんな遅くにどこに行くんだい、お嬢ちゃん——って」

モイラは椅子から身を乗り出した。「で、彼女はどこに行ったんです？」

「さあてね」ハンクは肩をすくめた。「通りの突き当たりまでは目で追えたが、角を曲がってスティングレー・ドライヴに入ったところからカメラの範囲外だったんで見失ってしまった」

モイラは首筋の毛がぞわぞわと逆立つような興奮を覚えた。スティングレー・ドラ

イヴ——この通りの名を聞くのは、今日になって二度目だ。スティングレー・ドライヴ沿道の住民、ペギー・レガーホーンは、こそ泥に入られた最初の家だと言っていた。物盗りの犯行は一か月ほど前から続いていたはず。殺人事件の被害者が窃盗事件と同じ場所で目撃されたとなると、両者の間につながりがあると考えられる。「正確には何日でしたか？」

「ちょっと待ってくれ」ハンクは枕に頭を載せると、目をつぶって記憶の糸をたぐりだした。

モイラはその様子をじっと見ていた。黙ったまま、思い出してくれるようにと祈りながら。心拍数モニターのピッピッという音がだんだん耳についてくる。点滴が落ちる音がするたびにドキッとする。

ハンクが目を開けた。「間違いない、二週間前だ。夜勤のシフトが回ってきて、ひいきのチームの試合が観られず、腹が立ったのを覚えているよ——優勝の行方を占う重大な局面にあったのに」

モイラは興味ありげにうなずいて話を促した。じれったさが表情に出ないよう気をつけながら。

「対戦相手がダラス・カウボーイズだったから、あれはたしか……」頭に浮かんだリストに目を向けるかのように、ハンクはまた目を閉じた。そして、ニヤリと笑った。

「先月の十九日だよ」

十九日ね。モイラは忘れないよう記憶にとどめた。「とっても助かりました、ありがとう」

「どういたしまして」ハンクは笑みを浮かべた。「守護天使様のためならお安いご用だ」

42

リジー

フィリップとリックが外に出ていき、玄関のドアがガチャリと音を立てると、リジーはいつになく、家でひとりになれるのがうれしかった。マグを食洗機に入れてから、キッチンのテーブルに戻る。ワイルド・リッジ・トレイルのてっぺんでモイラが掘り出した携帯電話が置いてある。作業をはじめたのが昨日のこと、付着した泥をできるだけ取りのぞいてから、分解したパーツを組み立て、元の形に戻したが、画面はまだ真っ暗なままだ。

そこでもう一度分解し、できそうなことを考えてみた。地面の水分が電話全体に染みわたっていて、そのせいで動かないのだろうか。昨日のうちにSIMカードを外して、米の入ったファスナー付きビニール袋にしまってある。これだけ時間をかければ、米が水分を十分吸い取ってくれたはずだ。そろそろすべてのパーツを組み合わせても

いいだろう。

動いてほしいとリジーは願った。この携帯電話が被害者のものなら、事件の有力な糸口が手に入る。ファスナー付きビニール袋から本体とSIMカードを取り出すと、リジーはキッチンペーパーの上に載せた。落ち着いた手つきでパーツを組み立て、SIMカードを挿し、インターネットで見つけた設計図を頼りに出来映えをチェックする。ここまで終わったところでボタンを押し、携帯電話の電源を入れた。

何も起こらない。

もう一度やってみる。今度はもう少し長めにボタンを押した。

画面にはやはり何も映らない。

リジーは小声で悪態をついた。落ち着いて、よく考えて。これが被害者のものなら、それほど長く地中にあったわけではないが、その時点でバッテリーの残量がどれほどあったかはわからない。ひょっとしたらバッテリー切れかも。土に埋まっていたせいで充電ができなかったとも考えられる。リジーは椅子から立つと、携帯電話を持ってキッチンを移動し、調理器具の隣にある充電器につないだ。ケースにひびが入っていて充電器に差しこみにくかったが、傾けたり揺らしたりして、何とか充電できるようになった。電源を入れ、充電中を示す表示が画面に出てくるのを待った。何も起こら

ない。ボタンをいくつか押して初期設定に戻し、今度は前回より数分長く携帯電話を観察したけれども、画面は依然として真っ暗なままだ。

リジーはため息をついた。できることは全部やったのに、携帯電話が動く見込みはなさそうだ。あともう少し電源につなぎ、充電がはじまるか確認しよう。それでもだめならきっぱりあきらめ、別の手がかりを探すつもりでいた。

廊下にちらりと目をやってから、リジーは腹を決めた。気力がわいてくる。次にやるべきことはもうわかっている。椅子から立つと、リジーは急ぎ足でキッチンをあとにし、廊下を通ってフィリップのベッドルームに行った。

だが、ドアの手前で足を止めた。ここはフィリップの象徴のような部屋だ。青くてしわひとつない羽毛の上掛け布団と枕が載ったダブルベッド、本の背の高さをそろえて並べた書棚、おそろいのランプとコースター、ティッシュボックスが載ったベッドサイドテーブルと、どこもかしこも整理整頓が行き届いている。彼のアフターシェイブローション――オールド・スパイス――と、洗いたてのリネンが香る部屋。夫のプライバシーを侵害するようで気が引けたが、リジーは中に入った。

ブルーのボックスファイルはワードローブの奥で、靴に囲まれるようにして置いてあった。胸の高鳴りを覚えながら、リジーはワードローブに手を伸ばしてボックス

ファイルを取り出した。前方の留め金に鍵があったが、閉まってはいなかった。リジーは震える指で留め金を開け、ふたを持ち上げた。中には一冊のファイル——A4サイズのフォルダーで、たくさんの書類が綴じてあり、厚さは五センチほど。リジーはフォルダーを開くと、中の書類を読みはじめた。

43

モイラ

モイラは路上に車を駐めると、メッセージにあったペギー・レガーホーンの住所をもう一度確認した――スティングレー・ドライヴ二三三番地。これから自宅を訪ねるとは、ペギーには伝えていない――ノーという選択肢を与えないためだ。多少後ろめたいけれども、やってよかったとあとで思えるはずだ。重大な局面を迎える入り口にたどり着いたという手ごたえを感じているし、事務局が情報を操作しているか、はっきりさせておきたかったし。

車から降りて、車寄せと境を接する手入れの行き届いた通路を歩き、白い羽目板張りの家の前を通ってポーチに出た。ポーチに続く階段には植木鉢が並び、花々が今を盛りと咲き誇っている――ピンクや赤の中に、点々とクリーム色が入り混じった花が。ポーチにはふたり掛けのスウィングチェア。シートはブルーのギンガムチェック、背

もたれにはブルーで統一し、濃淡を取り混ぜた刺繍《ししゅう》入りクッションが整然と並ぶ。玄関ドアは淡いグレーだ。モイラは手を上げ、しっかりとノックをした。

ノックとほぼ同時にドアが開いた。真鍮《しんちゅう》製のドアが二十センチほど開いたが、ドアチェーンはかかったままだ。八十代なかばから後半と思われる白髪の女性が、ドアの隙間から顔をのぞかせた。「どちら様?」

この人、わたしが外に車を駐めたときからドアのすぐ裏で待っていたのかしらとモイラはいぶかった。「モイラです。先日、メッセンジャーでチャットした」

ペギーは何も言わず、しばらくモイラをじっと見ていた。「まさかあなたが訪ねてくるとは思わなかったわ。住所を訊かれたのは、泥棒が入った場所を知りたかったからだとばかり。わたし――」

「事前に連絡もせず押しかけて、ほんとうに申し訳ありません、パトロールチームのフィリップとリックと一緒に犯人を探してて――〈マナティー・パーク〉で起こった殺人事件を、わたしたちで独自に捜査してるんです」

ペギーは表情をくもらせた。「事務局がやっきになっている、あれね?」

「そうです」

「そのせいで、そんなおけがをなさったの?」ペギーはモイラの顔を示すように手を

差し出した。

「昨日、防犯カメラの管理事務所で侵入者に襲われました。侵入者は、管理事務所で働いているハンクという男性を襲い、けがをさせました。その男の逃亡を阻止しようとしたのですが、ご覧のとおり、殴られまして、意識を失いました」

「ずいぶんと勇敢な方なのね」ペギーはまた少しドアに近づいたが、まだ警戒しているようだ。「わたしはね、よそ者に入ってきてほしくないの、あの事件が起こってからは特に」

「わかります」ペギーが安心してくれればいいけどと思いつつ、モイラは笑顔を作った。「よろしかったら、今すぐお話がしたいんですけど」

ペギーは悩んでいる様子だ。ドアチェーンに手をかけてはいるが、体はドアから離れている。

この人が心を開いてくれないと困る。モイラはふたたび説得を試みた。これが最後のチャンスだ。「さぞかし大変だったでしょうね、泥棒に入られたときのことを教えていただけません?」

「この件は忘れるのが一番だと思っておりますので」

「こそ泥騒ぎや〈マナティー・パーク〉での殺人事件の解決にひと役買うかもしれま

せん」

ペギーは唇を噛んだ。彼女は振り返り、中にいた夫に身ぶりで何かを伝えようとしてからポーチに出て、玄関のドアを閉めた。「何をお知りになりたいの？」

「お話しいただけるなら、すべて。最初から順を追って話していただけますか？」

ペギーはうなずいた。「泥棒が押し入った物音でわたしは目が覚めましたが、夫のアーノルドは眠っていました」そして身を乗り出し、小声で言った。「主人は耳が遠くて。前回の検査で、聴力の八十八パーセントを失っていると診断されました。ですからぐっすり眠れるの、わたしとは大違い」

「何時だったか覚えてらっしゃいますか？」

「もちろん。目が開いたとき、目覚まし時計のディスプレイがすぐ目の前にあったんですもの。十九日の午前一時三分でした。いつもより眠りが浅いと感じたのを覚えています。するとガラスの割れる音がして、わが家の中にいるはずのない人物がいるのに気づいたの」

モイラは首筋の毛が根元から逆立つのを感じた――レガーホーン家に泥棒が入ったのは十九日の未明、殺された女性がスティングレー・ドライヴを歩いていたのをハンクが目撃したのが十九日の午前一時ごろ。

「それから何がありましたか？」

ペギーは首を振った。「お恥ずかしい話だけど、何もできませんでした。泥棒に入られたら自分の財産を守らなきゃって思いますよね」ペギーは大きくため息をついた。

「でも、ただじっとしてました。暴漢を見つけて戦ったあなたのように勇ましくなかった。ベッドの中にいました。ぐっすり眠っていた主人に抱きついて。二階に上ってきて、わたしたちに危害を加えませんようにと祈っていました」

「で、泥棒に何かされましたか？」

「いいえ。下の階を歩き回る気配がして、二階に上ってくるつもりかしらと思ったのですが、階段を何段か上ったときに、かなり大きな音がして、泥棒はそのあとすぐ逃げていきました」ペギーは頭を振った。「もう十分だと思ったのでしょう、それに家の中でわたしたちに見られるリスクを負いたくなかったでしょうし」

「たくさん盗まれたんですか？」

ペギーはしばらく目をつぶっていた。やがて目を開くと、瞳が涙で濡れていた。

「母が遺《のこ》した形見の銀食器、うちの一族が五代にわたって受け継いできた金の置き時計、そしてアーノルドの従軍記章を盗まれました。キッチンの引き出しに緊急用の蓄えをしまっていて――十ドル札や二十ドル札で、合計五百ドルほど――泥棒はこれも持って逃げました」

「警察に盗まれた品物のことを話しましたか？」

「もちろんですとも。警察は盗品の目録を作ったけれども、戻ってくる見込みは薄いと言われました」

そういえば、被害者のリュックサックにあった品物をリックが列挙したことがあった——そこにはアンティークの銀食器も、金の置き時計もあった。もともとこの家にあった品物と思われたが、モイラは「お気の毒に」とだけ言った。お気の毒で済ませられる話ではなかったのだけれども。

「犯人を捕まえていただきたいわ」

「そのつもりです」

「よかったわ。あなた、〈マナティー・パーク〉の殺人事件を調べているとチャットでおっしゃってたけど、わたしたちが泥棒に遭ったことも訊いてらしたわね。どうして？」

モイラはすぐには答えなかった。知り得た情報を頭の中で整理してみる。窃盗事件があった十九日の午前一時ごろ、クリステン・アルトマンはレガーホーン家のすぐそばにいたはずだ。偶然とは考えにくい。モイラはそもそも偶然を信じないタイプだったし、あんな遅い時間にたまたま居合わせるなんて、とうてい信じがたかった。クリ

ステン・アルトマンは窃盗に関与していたか、目撃者か。殺人事件の真犯人がわかれば、連続窃盗事件もきっと解決する。

モイラはペギーと視線を合わせ、彼女の問いかけに答えた。「お宅に入った泥棒と殺人事件の被害者に関連性があると考えているからです」

44

リジー

ドアベルが何の前触れもなく鳴り、リジーはビクッとして、持っていたファイルを取り落としそうになった。彼女がいるのはフィリップのベッドルーム、ブルーのボックスファイルがしまってあるワードローブの前の床に座っていた。ベルが鳴ったからといって立ち上がろうとはしない。

帰ってくれればいいのに。

ドアベルがまた鳴った。ドアの外にいる人物はしきりにベルを押し、音はどんどん大きくなる。

リジーは身を固くして、来客があきらめて帰るのを待っていた。

そのとき、カーディガンのポケットに入れていたスマートフォンが鳴りだした。取り出して画面を見る。モイラだ。電話はそのまま鳴り続けている。

リジーは画面をタップして電話に出た。「もしもし」

「今、家にいる？　わたしはあなたの家の外にいるの。大事な手がかりを手に入れたから、パトロール日誌で確認してくれないかしら」

リジーは持っていたフォルダーに目をやった。せっかく念願の資料を見つけたというのに。まだ頭が混乱している。モイラには知られたくない。彼女が主任警部だとわかってからずっと、リジーはモイラを信頼できずにいた。

「リジー？」声にいら立ちを漂わせながら、モイラが尋ねる。「いるんでしょ？」

リジーは涙をぬぐった。指の腹でこめかみを押して、落ち着こうとつとめた。そんなに大事な手がかりを入手したのだし、せっかく来てくれたのに居留守を使ってはいけない。そんなことをしたら、フィリップと同類の悪党になってしまう。リジーは咳払いをした。「ごめんなさい。ええ、いるわ。ちょっと待って」

電話を切り、フォルダーをボックスファイルに戻してから留め金を閉じた。フィリップに悟られないよう、ボックスファイルをワードローブに戻すと、靴をあったとおりに並べ直した。こみ上げる吐き気を飲みこむと、ワードローブを閉じ、玄関へと急いだ。

胃液の不快な酸味がまだ口の中に残っている。いつまで続くのか、リジー自身にも

わからない。フィリップへの怒りに任せて、えいっとドアを開く。玄関ポーチにモイラが立っていた。モイラを見てリジーは息を呑んだ。「なんてこと、その顔、痛くないの？」

「平気よ」モイラはリジーの脇を回って家の中に入った。「傷は見た目ほどひどくはないから」

平気なはずはないとリジーは思った。モイラが家に入ったのを見届けてドアを閉める。何か気の利いたことを言おうとしたけれども、頭がうまく回らない。夫の部屋で見たフォルダーのことしか考えられない。フィリップが何年も隠してきた真実を、彼女は今、知ってしまった。

「あなたこそ大丈夫、リジー？」モイラが心配げな顔でリジーを見る。

涙がこみ上げてきたので、リジーはまばたきしてこらえる。感情に走りたくはなかった。モイラと一緒に殺人事件の謎を解明したかっただけなのに。フィリップの過去を知られたら、モイラとはもう、友として信頼できるつきあいはできなくなるのだろうか。「わたし……」

モイラはリジーの肩に手を置いた。「何があったの？」

リジーは首を振り、問いかけには答えなかった。

「わたしを信じて、リジー。お願い、あなたの力になりたいの」

リジーはモイラを見つめた。そして、両手で自分を抱きしめた。思い切って心の丈を打ち明けてしまったほうがいいのかもしれない。モイラはとても誠意ある人だと思う。彼女を信じたい、心からそうしたい。自分の判断が間違っていなかったと思いたい。「フィリップのこと」

モイラは眉をひそめた。「彼がどうしたの？　何かあった？」

「フィリップのせいで子どもがひとり殺されてしまった、女の子が。主人はそのせいで退職を余儀なくされたの」

「早期退職は体調の悪化が理由だったんじゃなかったの？」モイラはさらに眉をひそめた。

リジーは視線を落とした。大きく息をつくと、またモイラのほうを見た。「真相は、こういうことだったの。体調不良もあながち嘘じゃなかったのよ――心臓発作を起こして手術をし、現場に完全復帰したあと、主人は万全な体調とは言えなかった。デスクワークや非常勤の勤務形態を選んでもよかったのに、警察は主人に早期退職を強要し、拒否したら功績を認めるどころか、懲戒免職とすると言ってきたの」

「フィリップはどうしたの？」

リジーはため息をついた。「問題はね、フィリップが何をやったかじゃなくて、何をやらなかったか、何を言わなかったか……警察にも、わたしにも。心臓発作を起こすまで、主人は世間から注目される事件を担当していた——少女誘拐事件を。身も心も消耗していた。ほぼ一日捜査にかかりっきりで顔を合わせることもなく、たまに帰ってきてもよそよそしくて、わたしとは話そうともしなかった。体の具合も悪そうで——顔色も悪く、冷や汗ばかりかいていて——それなのに、大丈夫だ、残業続きで少し疲れているだけだ、の一点張りで」

「ふだんからそんな感じだったの？」モイラは尋ねた。

「ある程度はね、主人は担当した事件のことでいつも頭がいっぱいになる人だけど、あのときはぼんやりして、顔色がひどく悪かったのが気になったわ。ふだんから物事は最初から最後まで話したがるの——そうすると考えが具体的にまとまってくるからって」リジーは首を振った。「でも、あのときは違った。どこか見落としたところがあると感じるとだけわたしに言ったの」

「それで？」モイラは穏やかな声で先を促した。

「すでに集まった内部情報に、新たな情報が入ってきた。確実な情報だからと、警察は緊急事態であることを理由にチェックは手短に済ませ、事件の担当責任者である主

任警部のフィリップに回したの」リジーは唇を噛んだ。

モイラはうなずいた。「どんな情報だったの？」

「少女が監禁されている場所について」

ふたりはしばらく黙っていた。モイラが口を開いた。「何があったの？」

リジーは怒りが腹の中でうずを巻いているのを感じた。吐き気が次第に強くなってくる。こみ上げた胃液を飲み下そうとした。「何もなかったわ。フィリップが何もしなかったから。ファイルにあった、第一回内部調査面談の書き起こしを読んだの。情報について詳しく記したメールは読んだけど、これからランチのため外出するので、帰ってから処理することにしたとあった。主人はオフィスを出てランチを食べに行ったというのが主人の本来の説明だったわけ。フィリップがデスクに戻り、情報があったと同僚に報告するまで二時間以上のロスタイムが生じた。メールがあったのは、情報提供があった場所に捜査チームが到着する三時間前だったから」

「その女の子は現場からいなくなってたの？」

「いいえ。死んでたの。検視官が割り出した死亡推定時刻から一時間も経っていないタイミングで警察が殺害現場に到着したわけ」リジーはまばたきして涙をこらえた。

そして、口ごもりながら話を続けた。「フィリップが情報を入手してすぐ行動してい

れば、女の子は死なずに救出できたはずなの」リジーは内なる怒りが燃え立つのを感じていた。落ちそうになる涙をまばたきしてこらえる。「当時、主人は判断ミスだったとわたしに言った。疲れがたまっていたし、たくさんの情報が集まっていて、必ずしもすべてにすぐ対応できたとはかぎらない、と。主人は自分を責めたわ。そうなるのも当然だけど、フィリップは何かわたしに隠してるんじゃないかって、今になるまでずっと思っていたの」

「やっぱり何か隠してたの？」

リジーはうなずいた。「あのかわいそうな女の子が死にゆくさなか、ランチをたらふく食べていた、だから早期退職を余儀なくされたんだと、わたしは主人に思いこまされていたのよ。自分が取った行動が職務怠慢とみなされたと言ってたわ。女の子の命を助けられたのに、後手に回ってしまったと」リジーは両手で拳を握った。だが、声にはありありと怒りの色が見えていた。「自分が彼女を殺したも同然だ、とね」

「判断ミスは、捜査の現場では珍しいことじゃないわ」モイラは優しく言った。「好ましいことじゃないけど、起こり得ることなの。不確定要素はたくさんあるし、それに——」

「人を死に追いやったミスでも？」リジーは目を細め、不信をあらわにして言った。

モイラはリジーと目を合わせられなかった。「たまにはあるわ」

「だけど、事件はこれだけでは終わらなかったのよ」

モイラは黙って話を聞いていた。

リジーは続けた。「少女の遺体が発見されてから数日後、フィリップが心臓発作で倒れたの。仕事のプレッシャーや女の子が亡くなってしまったことへの罪悪感のせいでもあるけど、それだけじゃない。このときの誘拐事件が内部監査の対象となり、調査結果がフィリップの耳に入ったことも発作を招いたわけ。捜査上の判断ミスもそうだけど、数か月にわたって心臓が深刻な状態にあったのを、主人は隠していたの」

モイラは眉根を寄せた。「あなたも知らなかったの？」

「ええ。調子がよさそうじゃないのは気づいていたけど、疲れて見えるのはいつものことだし、主人が何と、どれほど長く戦っていたかなんてわからなかった。体調についてはわたしにも、子どもたちにも隠していたし、同僚にも黙っていたから」

「あなたたちを守ろうとしてたのかもね」

「内部監査部の調査官との面談で、主人はぜんぜん違うことを話したの。警察病院の医師に症状を話せば、すぐさま休職措置が講じられるって、あの人はわかっていたんでしょう。職務が継続できないし、主任警部にとどまればとどまったで、捜査に深刻

な悪影響をおよぼしかねなかったの」リジーは両手を組んだ。「主人は自分の心臓がかなり弱っているのを自覚してたのに、何も言わなかった。妻であるわたしにさえ。亡くなってもおかしくないほど体調を崩していたのに」

「どこが悪かったの？」

「心機能がすっかり弱ってしまっていた。検査を受ければ間違いなく、当分は経過観察を言いわたされたでしょう。情報提供があったのにランチを理由に対応を遅らせたあのとき――主人はジョン・ラドクリフ病院で二時間、精密検査を受けていたの。みんなに言ったように、ランチを食べていたのではなかった」ここでリジーはひと息つき、呼吸を整えた。「結局主人は、内部監査部の調査官にすべてを話したの。そのときの報告書も、病院からの報告書も読んだわ。フィリップはめまいの発作と一時的な失神に悩まされていて、症状は悪化の一途をたどっていた。数日前にオフィスで倒れ、一時間ほど気を失っていたと調査官に語っていたわ。不整脈も見られたし、血圧はしょっちゅう上がっていた。そんな状態が何か月も続いたのに、回復につながる手術をずっと先延ばしにしていたの。休職するのがいやだったから。健康が危機的状況にあったのに、主人が誰にも相談しなかったのは、体調が思わしくなければ降格し、捜査の主導権を誰かに明けわたさなければならなかったからなの。たとえ死ぬことに

なっても、自分の家族が父親や夫を失うような結果になっても、捜査は自分の手で進めたかった。大事な配慮が夫に欠けていたせいで、誘拐された少女が殺されてしまっただけでなく、自分の命まで危険にさらすところだった」リジーは大きく息をついた。「実際の病状は、刑事としてのキャリアを終わらせるほど深刻ではなかった。退職に追いこまれたのは嘘をついたから。内部監査部の報告書では、業務規定の内容を熟知していながら、あえて破り、さらには職務怠慢行為を計画的に隠蔽し、虚偽の申告をしたことを理由に、主人に懲戒処分と解雇が勧告されたってこと——常識人である主人の信頼は見事に失われてしまった。これもひとえにメディアから高く評価されてきたおかげで、警察は定年退職の際、主人に優等賞を授与する予定だった。過大評価だったのよ。主人はみんなに嘘をついていた。わたしにもね。心臓発作を起こした前後に、どうして早期退職をしなければならなくなったのか理由を訊いても答えをはぐらかして、そのあともずっと嘘をつき続けていた。昨日も同じ質問をしたんだけど、フィリップは健康上の問題についてひとことも触れなかったわ。だから主人のボックスファイルを無断で開いて、真相を知ろうとしたの。十年近く嘘をつき続けた理由がどうしてもわからなくって。体調の件を話したがらないとなると、わたしに隠していることがもっとあるんじゃないかと、主人をうがった目で見るようになってしまっ

て」自分の言い分がわかってもらえたか探るような目で、リジーはモイラを見据えた。「結婚してもうずいぶん経つけど、今になって、わたし、主人のことをぜんぜん知らないんじゃないかと思えるの」

モイラはどう答えればいいかわからなくなったようだ。自分ひとりに判断をゆだねられたような気分なのだろう。「フィリップはどうしてあなたに相談しなかったのかしら。現実を直視したくなかったとか。きっとね――」

そのとき、調理器具のそばからブーブーという音が何度もして、モイラは話を中断した。ふたりは音のするほうへ顔を向けた。トレイルでモイラが掘り起こした携帯電話が、カウンタートップの上で震えている。画面が点灯している。

モイラの話の続きを聞きたかったが、リジーは起動した携帯電話をあのままにはしておけなかった。機能が復活したら、事件にとって重大な手がかりになり得るのだから。

リジーは急いで電話を手に取ると、画面に表示されたメッセージを読んだ。吐き気が引っこみ、アドレナリンが体中を駆けめぐる。振り返って、こっちに来るようモイラを手招きする。声にただならぬ興奮がにじむ。「早く、早くこれを見て」

45

リック

リックはそれとなくフィリップを見た。ジープの助手席に座り、両手をひざの上に置き、まっすぐ前を見たまま、ひとこともしゃべらない。様子がおかしい。フィリップはもともと話し好きな男だ。いつもなら、あれをやれ、これを言えと指示を出しまくり、リックが半分も聞いていなかろうがおかまいなしにまくし立てるのに、クリントの家に向かう道すがら、ずっと黙ったままなのだ。「音楽でも聴くか?」ラジオを手で示しながらリックは訊いた。

フィリップは肩をすくめるだけで、何も言わない。

とりあえずリックはラジオのスイッチを入れた。ただもう沈黙を破りたかった。後部座席のスピーカーから流れてくるのは、スピン・ドクターズの『トゥー・プリンセス』。懐かしいメロディが聞こえてくる。リックはつられてハミングする。

フィリップの舌打ちがうるさい。リックは横目で彼を見る。リックをにらみ返してきたりはしないが、握りしめた両手の拳が白くなるほど力をこめていた。

リックはハミングをやめたが、ラジオは消さずにおいた。フィリップに何かがあったことだけは間違いない。ここ二日ほどずっと怒りっぽかったが、今日の様子はそのときとも違う。いらいらしてるのに、しょんぼりと元気がない。自宅にいたときのフィリップとリジーの雰囲気も、どこか不自然だった。

こんな気詰まりなドライブはとっととおしまいにしたくてたまらず、リックはアクセルを踏む足に力をこめる。あの夫婦の間でいったい何が起こっているのだろう。

クリント・ウエストンが住んでいるのはスティル・ウォーター・ブルーバード沿いの二階建て、ベッドルームふた部屋の戸建て住宅で、マスタードカラーの漆喰で仕上げた外壁、ポーチは家を取り囲むように配してあり、車二台分のガレージが隣接している。車寄せに駐まっている車がないので、リックはジープをガレージのドアの正面に駐めた。そしてフィリップに目をやった。「行くぞ」

「わかった」フィリップはシートベルトを外しながら言った。

リックは不満げに片方の眉を上げたが、ひとことあっただけでいいんだと思い直した。無言のままよりましだ。車から降りたふたりは、ガレージの前から家の正面へと

向かった。リックはドアをノックし、一歩退いて応答を待った。

「クリントはどうして日誌をまだ提出していないんだろう？」フィリップがリックに尋ねる。

リックはフィリップのほうを向き、首を振った。「いいや。単に時間がなかっただけだろう」フィリップは顔をしかめたが、特に何も言わなかった。「理由はほかにあると思うのか？」リックが訊く。

フィリップは口を開いたが、何も言わずにいた。ドアの錠が解除される。少し間を置いて、玄関のドアが開いた。

戸口に立っていたのは、クリントの妻、ジャニスだ。「リック。フィリップ。いらっしゃい。何かご用？」

「やあ、ジャニス」リックは笑顔で切り出した。「クリントはいるかい？」

「もちろん、奥の作業場にいるわ、いつもどおりね」ジャニスはドアを大きく開くと、中に入るようふたりを手招きした。「いらっしゃいな」

ジャニスの案内で二人は家の中を抜け、引き戸から裏庭に出た。こざっぱりと刈られた芝生の先に、大きな木造の納屋がある。「主人はあそこにいるわ。ここしばらく忙しいらしくて——注文が引きも切らずで、やっとこさ対応しているのよ」

ジャニスに礼を言うと、リックは裏庭を横切って納屋に向かった。

フィリップがついてきた。「クリントは何を作ってるんだ？」

「さあ」とリック。「一度も聞いたことがない」

「ぼくもだ」声にいら立ちがありありと出ている。

リックはひそかにため息をついた。フィリップは仕切りたがり屋な上、他人のプライバシーをとやかく詮索しすぎるところがある。クリントが自分の趣味についていちいち全員に話す必要もなく、教わっていないと腹を立てられても、まったくもって大きなお世話だとリックは思った。頼むぞ、フィリップ、何気ないおしゃべりを自分のペースで押し切らないでくれ。この男は自分の感情に走ってしまうところがある――ベティ・グラフテンの家でもそうだった。容疑者や目撃者から話を聞くときは冷静であるようつとめ、どう思っていようが、感情が顔に出ないよう注意するのが大事だ。そうすれば核心に迫った話が聞ける。相手から下手に決めつけられて、いい思いをする者はいない。

作業場の外に立ち、グリーンに塗装したドアをノックしたあと、リックは振り返ってフィリップに言った。「さあ、これで真犯人がわかるぞ」

「誰だ？」ドアの向こう側にいるクリントの声がこもって聞こえる。「ドアは開いて

るぞ」

リックはドアを開け、敷居をまたいだ。一メートルほど中に入ってから立ち止まり、作業場を見回した。こういう場所に来るのははじめてだ。納屋の中はまるで、クリスマス前日にサンタクロースがプレゼントを準備する部屋のようだ。スペースの半分を棚やキャビネットが占め、リックがいるすぐそばには、トナカイ、キジバト、三人の賢者、羊飼い、キリスト降誕のフィギュア、サンタクロース、家族の団欒《だんらん》、雪を頂いた家、天使など、いくつもの置物や彫像があった。

リックのすぐそばにあるカウンターの上には、大きさもさまざまな雪だるまが五十体、大きな段ボール箱の脇に並んでいる。全体を白く塗り、銀色のラメを散らした雪だるまは、小さな棒状の腕、大きな瞳、ちんまりとしたニンジンの鼻、顔の横一杯を使った笑顔が施されている。リックはヒュウと長めの口笛を吹いた。「こりゃまたずいぶんたくさんの雪だるまだ」

クリントは大声で笑った。納屋の彼がいる側には作業ベンチがしつらえてある。壁には工具がぶら下がり、大きなアーム付きランプがあった。クリントは塗りかけの天使と絵筆を持っていた。「何から話そうか？　雪だるまはみんな大好きだからな。モデルはうちのお得意さんだ。短時間ではとうてい作れない。特にこの時期はな」

「これがきみの仕事なのか？」フィリップが尋ねる。

クリントはニヤリとした。「こういうものを作るのが好きでね。妻とオンラインショップを立ち上げたんだ——事務仕事はジャニスに一任してる。おれが人形を作り、ジャニスが発送する。はじめてから二年あまりで、妻とクルーズ船に乗るチケット代分は稼いだな。年金生活よりはましな暮らしができている」

「こういう商売は前からやってたのか？」リックが訊く。

「まさか」クリントは笑いながら答える。「退職するまで会計士をしていた。もちろん好きでやっていた仕事じゃないが、まっとうな家が手に入り、子どもたちを大学に通わせるだけの収入があったから、文句は言えない。ずっと前からクリスマスが好きだったから、退職後の人生は夢の実現に充てようと決めてたんだ」

リックは苦笑いした。大きな家がほしい、贅沢《ぜいたく》な暮らしがしたい、請求書が来たら払えるだけの金を稼ぐため、死ぬまで仕事をやめない人たちがいるのが不思議でならない。リックには彼らの気持ちがさっぱり理解できない。警察官の仕事は激務のわりに収入が少ないが、天職と考える連中がいる。リックがまさにそうだった。彼は警察官以外の仕事をやる気にはなれなかった。「よかったな」

「きみのパトロール日誌の件で話がある」フィリップが言った。無表情で、声には愛

想のかけらもない。

頼むよ、フィリップ。リックは心の中で嘆いた。今日はことのほか愛想が悪い。フィリップのぶっきらぼうな物言いでぎこちなくなった空気を和らげようと、リックは笑顔を心がけた。好感度高めのトーンを保つ。「泥棒に入られた地域や、殺人事件の被害者が目撃された場所を回ったパトロール当番全員から話を聞いているんだ」

クリントは塗料が跳ねた手で絵筆を持ったまま、白いものが交じった無精ひげが生えたほおをかきながら言った。「両者に関連性があるっていうのか?」

リックはうなずいた。「おそらくは」

「先月のパトロール日誌は持っているかね?」感じが悪く、問いただすような口調でフィリップが訊く。「きみはまだ提出していないそうじゃないか」

「そうだっけ? そいつはすまなかった。最近注文が多くてコロッと忘れたんだろうな、それに――」

「女性がひとり亡くなっているのにコロッと忘れたで済ませるのか?」フィリップは左右の眉を上げ、一本の線に見えるほど唇を固く引き結んだ。

クリントのほおと首筋が赤くなった。「別にそんなつもりで……」

「日誌を少し見せてもらえるだけでもありがたい」とがめるような視線をフィリップ

に投げてから、リックはフォローに入った。こいつは一般市民を次から次へと被疑者扱いする癖を改めたほうがいい。相手への敬意ってものが欠けている。

フィリップはふてくされて顔をそむけたが、リックの目が怒っているのはちゃんと見ていた。一方リックは、フィリップの態度が前よりおかしくなった理由を考えていた。もともと偉そうに振る舞う男だが、ベティ・グラフテンの家で会ったときより鼻につくのはどうしてだろうか。

「日誌は家にあるよ。どうぞ持っていってくれ」クリントは落ち着きを取り戻したようだ。塗りかけの天使を作業台に置き、絵筆をテレピン油の瓶に差すと、彼はドアを示すように手を差し出した。「今、取りに行くから」

ふたりはクリントの後ろに続き、もう一度庭を経由して家に戻った。パトロール日誌は廊下に置いたサイドボードにしまってあった。クリントは日誌をリックにわたした。「さあ、持っていってくれ」

「ありがとう」そのときリックは〈ロードハウス〉で行われたミーティングで、クリントが話していたことを思い出した。「数日前に開いたパトロールチームのミーティングでさ、ワイルド・リッジ・トレイルのてっぺんで、シカゴ・ブルズのステッカーを貼ったベージュの古びたステーションワゴンを目撃したと言ってたよな？」

「そうだよ。何度か見かけているけど、車のまわりにも、中にも人を見かけたことはなかったな」クリントはリックが持っている日誌を貸してくれと言いたげに手を差し出した。「日誌に全部書いてあるよ――時刻やら、現場の様子やら、あれやこれやとね」

日誌を受け取ると、クリントはしばらく読みふけっていた。すると、あるページで彼の目が険しくなり、作業場にいるときとは別人のように身を固くした。ミーティングで触れなかったことに気づいたのだろうとリックは思い、尋ねた。「おれたちが知っておくべきことがほかにもあるんじゃないか？」

「いいか、あの悲運な女性のことを片時も忘れたことはない」クリントはリックを見て、それから視線をフィリップに移した。「あんた方がどう思おうがかまわない。さっきのはちょっとした言葉のあやだ」

フィリップは黙っていた。

「何か見たんだな？」リックが訊く。

「そうと言っていいだろう。だが、うかつなことを言ったら、迷惑をかける人が増えるんじゃないかと思って」

クリントから話を引き出そうと、リックはうなずきながら傾聴する。「話を聞こう

か……」

「よし。いや、あの晩はいろいろ目撃したんだよ。深夜でもあり、離れてもいたが、自分の受け持ち——第三パトロール区域——から第二区域に向かって、ある人物が移動中だった。はっきりとは見ていないし、ずっと後ろから見ていたんだが、あれは〈マナティー・パーク〉で殺された女の子だったんじゃないかと」

フィリップはクリントににじり寄った。「どうしてそう思えるんだ？」

「理由はいくつかある。まず、女性だった。パンツを穿いていたが、何と言うか、見た目が女っぽかったんだよ。あとは髪型だ。亡くなった女性は長い黒髪だと言ってただろ。そこも一致した。長い黒髪が腰まで伸びていた」

「そのことも日誌に書いたのか？」フィリップが訊いた。

「もちろんさ。ほんの一瞬で、しかもかなり遅い時間だった。午前零時、いや、もっと遅かったな」

「パトロールチームのミーティングのとき、きみはこのことを忘れていたか、意図的に言わなかった、というわけだな」フィリップがとがめるような口調で言った。

当たり散らすのもいい加減にしろとリックは思った。「あのな、クリント、あの場でどうしてすぐ思いつかなかったのかとフィリップは訊きたいんだと思う」

クリントは言いにくそうな顔をした。ため息もついた。「だからさ、百パーセントそうだと言いきれなかったし、日誌をまず確認したかった。仲間のパトロール当番を悪く言いたくなかったとも言える。ただ、あの女性を一度しか見ていないとそいつらが主張するなら、人違いなんじゃないかと――」

「どういうことだ？」

「あの晩見かけた女性が〈マナティー・パーク〉で殺された被害者と同一人物なら、彼女は以前からよく、第二パトロール区域を歩いていた。あのあたりの防犯カメラの情報が当てにならないのは知っているが、パトロール当番なら彼女を以前から見かけているはずだ」

「第二パトロール区域の当番日誌もチェックしたのか？」リックがフィリップに訊く。

フィリップの表情が険しくなった。「今朝、もう一度確認した」

「それで？」

「被害者について書いてあった――ハンクが語った、二週間前の晩の目撃情報と一致する。言及があったのはそこだけだ」

リックは視線をフィリップからクリントに移すと、手元のパトロール日誌を見た。

クリントの言うことがほんとうなら、パトロール当番は、被害者が第二パトロール区

域を通過するのを、最低二度以上見ていないとおかしい。それなのに日誌には何の記録も残っていない。おかしな話だ。

パトロール当番の誰かが嘘をついている。

46

モイラ

被害者の携帯電話と見て間違いない――彼女と若い男性の画像に〝クリステン♡マイキー〟と書いてある。電話にはパスワードも生体認証ロックもかかっていなかったので、リジーがメッセージアプリのアイコンをタップし、ふたりは早速メッセージを読んだ。新着メッセージは登録済みの連絡先――マイキー――からで、きっと彼がグラフテン家のお孫さんだろうとモイラは思った。最近のやり取りはもっぱら〈今、何してる?〉といった、たわいもないものばかり。ふざけた会話が次第にとげとげしくなり、最後は不安げなものになっていく。やがて、クリステンと番号非通知の相手とのメッセージのやり取りがはじまる。恋人同士のものより興味をそそり、事件の重要な糸口を握っていそうな内容だ。

リジーはスクロールして一番上のメッセージを表示させた。最新のメッセージはク

リステン・アルトマンが亡くなった日のものだ。
メッセージはクリステンのほうからはじまっている。

【クリステン】もっとほしい
　最低でも一万ドルは

返事が戻ってきた。

【非通知】そんな金ないよ
【クリステン】見つけてきなよ
【非通知】もう払えない
　話したはずだ
【クリステン】なんとかしなよ

【非通知】警察に言う

【クリステン】やめて

【非通知】だがもうこれ以上払えない

【クリステン】一万ドルちょうだい
それで終わりにしましょう

【非通知】一万ドル払えばいいのか？

【クリステン】そうよ

【非通知】いつ、どこで？

【クリステン】いつもの場所
〈マナティー・パーク〉、小型プールのそば
午前一時に

【非通知】OK
これで最後だ
これっきりだ

モイラは体の奥でアドレナリンが沸き立つのを感じた。リジーを見ると、目を輝かせている。ついさっきまで取り乱していたのが嘘のようだ。ふたりは真実に近づきつつあり、被害者像をつかんだ。クリステンがメッセージ——脅迫状——を送っている相手が、犯人だ。

「その番号に電話するべき?」リジーが言う。

モイラは首を振った。「もうちょっと待って。もう少しメッセージを読んでみましょう」

リジーから携帯電話を受け取ると、モイラは画面をスクロールしてメッセージに

ざっと目を通した。クリステンと例の番号非通知の相手がやり取りをはじめた最初のメッセージを見つけた。二週間前に、クリステンが先に送っている。

【クリステン】あんたがやったのを見たよ

【非通知】誰のことだ？

【クリステン】あんたを見たんだよ

【非通知】きみは誰だ？
どうやってこの番号を知った？

【クリステン】証拠を握ってるよ

【非通知】証拠って？

【クリステン】盗んだでしょ
【非通知】は??
【クリステン】こっちには証拠がある
【クリステン】五千ドルちょうだい
くれなきゃ警察に言う
【非通知】やめてくれ
【クリステン】これで払う気になった?

メッセージの下に画像が添付されている。夜間に撮ったのだろう、画素は粗いが、何が写っているかはよくわかる。裏庭から高い塀をよじ登り、塀を乗り越えて脚をぶらぶらさせながら、通りに下りようとしている男を写したものだ。男は重そうな旅行

用リュックサックを肩にかけ、身に着けているものは手袋を含め、全身濃い色で統一されている。ただ、目出し帽を額に押し上げているので、顔がはっきりとわかった。

リジーが息を呑んだ。「ドナルド・エトウッドじゃない」

モイラがリジーを見た。「あなた知ってるの？」

「パトロールチームのメンバーよ。半年ほど前に引っ越してきたの。人づきあいをまったくしない人でね――スポーツも、社交活動もだめ――別にそれでもいいじゃないかってフィリップは言うけど」

モイラは写真の男をもう一度見た。中肉中背より少し背が高めで、ワイルド・リッジ・トレイルや防犯カメラの管理事務所で遭遇した男と同じ人物かもしれない。たとえ別人だったとしても、携帯電話に残っている画像が、彼が盗みに入っていた何よりの証拠であり、単独の犯行でなくても、窃盗団の一員であることに違いはない。メッセージをたどれば、クリステンがこの画像を送ってドナルドに金を要求し、彼女は命を落とした晩、ふたりは〈マナティー・パーク〉のプール脇で待ち合わせているのがわかる。金のもつれは昔から推理小説で人を殺す動機としておなじみだ。どこを取っても、ドナルド・エトウッドがクリステン・アルトマン殺害の重要参考人である証拠がすべてそろった。「そうしたら――」

「クリステンが最初にメッセージを送ったとき、ドナルドは彼女が誰だかわからなかったみたいね」リジーは携帯電話をモイラから受け取ると、画面をスクロールしてやり取りの最初に戻った。「だったら、写真の男がドナルドだって、どうやって知ったのかしら？　電話番号もどこから手に入れたの？」

「知るもんですか」モイラは振り返ると、ドアに向かって歩いていった。今は詳細を詰めていくタイミングではない。決め手となる大事な手がかりを入手し、しかもドナルドに逃げられるリスクがある。「さあ、とっととドナルドを見つけないと」

47

モイラ

リジーが運転し、モイラはリックに電話をかけた。早く出てほしいのに、四回コールしたあと、留守番電話につながった。ビープ音が鳴ってからメッセージを残す。

「やったのはドナルド・エトウッド——彼は窃盗犯で、被害者に目撃され、証拠をネタに強請《ゆす》られてたの。彼女が亡くなった晩、ふたりは会う約束をしていた。今、リジーと一緒にドナルドの家に行くところ」

「警察にも電話したほうがいいんじゃない?」リジーはそう言いながら右折し、ドナルドの家がある通りに出た。

「時間がない」モイラは道の前方に目を向けた。そろそろドナルドの家が見えてくるころだ。「番地、知ってる?」

「四二番地」リジーはアクセルを強く踏んだ。「もうすぐ右手に見えてくるから」

モイラは前方に見えてくる郵便受けの番号をチェックする。ドナルド宅の車寄せにトラック――シボレーの古いモデルだ――が、前方を道路にはみ出した形で駐まっている。トラックのウインドウは左右両方開いていて、コンピューター機器のボックスやら、ゲーミングチェアやら、途方もない大きさの大画面テレビやらが、後部の平台に積み上げられている。トラックの脇、舗道にはスーツケースがひとつ。ドナルド宅の玄関は全開で、入ってすぐの廊下には引っ越し用の段ボール箱が重ねて置いてある。

「逃げるつもりね」モイラはシートベルトを外し、ドアのハンドルに手をかけた。

「そうはさせないから」

リジーは車のスピードを落としながら、ドナルドの家をしっかりと見据えた。「車を寄せるから、降りて――」

「いたわ。あの画像の男が」モイラの内なるアドレナリンに火がついた。

「あれがドナルドよ」リジーが本人と確認した。

ドナルドは箱をいくつも持って家から出てきたところだった。箱を高く積み上げたせいで、前方の道路がよく見えないようだ。自分たちに気づいて驚かれる前にやっておくべきことがあり、その辺はモイラも心得ていた。

「ここで駐めて」リジーに言うと、モイラは力任せにドアを引っ張った。

リジーが急ブレーキを踏む。タイヤがきしみ、車がスリップしながら止まった。モイラが車から飛び出すと、もう一台の車が近づいてくる。リックのジープだ。モイラは振り返ってドナルドのほうを見た。

向こうもモイラに気づいた。目が合った瞬間、ふたりは凍りついたかのように身じろぎせず立ち止まった。このまなざしには覚えがある。ハードディスクで殴られたとき、塀の上からこちらを見下ろしていた、あいつだ。ドナルド・エトウッドは、モイラがワイルド・リッジ・トレイルで見かけた男であり、防犯カメラの管理事務所でハンクを襲い、モイラを殴った相手だ。モイラを覚えているのが表情から見て取れる。卑怯者。

モイラは駆け出した。ドナルドは箱を放り出して逃げた。モイラから逃れ、道路から離れるようにして左側を突っ切り、隣家の芝生を横切っていった。

「警察を呼んで！」モイラがリジーに叫ぶ。道路に戻るとリックがジープから降り、こちらに向かって走ってくる。モイラはドナルドを追う。リックを待ってはいられない。ドナルドを逃すわけにはいかない――今度こそ。

モイラは両手両脚を懸命に動かして走り、その勢いで足首の痛みを忘れようとした。ふたりは隣家の芝生を越え、車道に出る。ドナルドが脇道に逃げこむと、モイラもす

かさずあとを追った。何て足が速いの。ぜんぜん追いつけない。ドナルドが一歩足を踏み出すごとに差がついていく。

駐車中の車数台の間を縫うようにして走り抜け、ドナルドは三階建てアパートメント二棟の間にある路地へと消えた。路地の曲がり角にたどり着いたところで、足の裏がアスファルトの段差をとらえ、モイラはくじいたほうの足に重心がかかった状態で転びそうになる。痛みが脚を駆け上るが、歯を食いしばり、さらにスピードを上げてドナルドを追おうとした。

痛いほうの足をかばうようにして走るので、スピードが出せない。先を走るドナルドとの差が開いていく。なんのこれしきとつぶやいて歩幅を広げようとするが、くじいた足首が言うことを聞かない。すると、前方にいたドナルドが足を止めた。モイラは全速力で彼に追いつこうとする。ふたりの間の距離が縮まる、四十五メートル、三十五メートル。二十メートルを切ったところで、モイラはドナルドが走るのをやめた理由に気づいた。路地の突き当たりに来てしまったからだ。

そこにはアパートメントの住民がゴミとリサイクルできるものを入れるコンテナが並び、さらに奥には金網フェンスが立ちはだかっている。高さはどう考えても三メートル以上あるだろうし、粗末な作りで、簡単には上れそうにない。

「ふたりとも近寄るな」ドナルドが怒鳴った。視線をモイラからさらに遠くに移す。「ふたりとも近寄るな」

振り返るとすぐそばにリックがいる。仲間がいてくれるのは頼もしい。

モイラに追いついてからは走るのをやめたが、リックはそのまま歩いてドナルドに近づいていった。

「来るな、来るんじゃない！」ドナルドが大声で言う。すっかりおびえた表情を見せている。左右をきょろきょろと見回して逃げ場を探しているが、そこはもう行き止まりだ。あとは金網フェンスを乗り越える以外に道はなく、すぐにモイラやリックに追いつかれることぐらい、彼もわかっているはずだ。この時点でゲームセットだと、三人全員がそう思っていた。

ところがドナルドが予想外の行動に出た。

「来るなと言ったはずだ」とわめきながら、彼はジーンズの尻ポケットに手を入れ、何かを探しているようなしぐさを見せた。「こんなことを二度も言わせるな」

「落ち着け、ドナルド」リックが大声で言った。バッジと銃さえあれば、どこから見ても麻薬取締局のエージェントだ。「おれたちからよく見えるところに両手を掲げろ」

ドナルドが撃ってくる！　そう察したモイラは「離れて！」とリックに向かって叫

んだ。

だがリックは耳を貸そうともしない。ドナルドに意識を集中させ、彼との距離を少しずつ縮めていく。「話してくれ、ドナルド。何があったか聞かせてくれ」

モイラは身を固くした。アドレナリンが血潮を刺激する。「リック、やめて……」

あっという間の出来事だった。ドナルドがジーンズのウエストからパールグリップの小ぶりなリヴォルヴァーを抜くと、勢いよく振り上げてからリックに向けて銃を構えた。リックはまったく動じず、自分の銃をドナルドに向けて構えた。銃声が路地にこだまする。リックとドナルドは、ふたりともアスファルトの上に倒れた。血が流れる。たくさんの血が。

モイラは凍りついたように立ち尽くした。動けない。こんなことがまた起こるなんて。ひどすぎる。

モイラは両手で胸を押さえた。呼吸があえぎに変わる。胸を万力で締め上げられ、体内の酸素を絞り出されているようだ。モイラの目の前にある路地はロンドンのアパートメントに変貌し、あの日聞いた銃声が彼女の耳にこだまする。

目の前にマッコードがいる。手には警察の官給品ではない、未登録の拳銃。ふたり

の同僚、ジェニファーはすでに見えなくなった目を見開いたまま倒れ、そのまわりで、血だまりがみるみるうちに広がっていく。ポーターと手下たちの姿は見えない。聞こえるのはアパートメントの外の喧噪——特殊部隊がこちらに向かっている。モイラは逃げずにいる。「どうして?」マッコードに大声で訊く。「あなた、いったい何をしたの?」

マッコードが後ずさる。何も言わずに。

モイラは彼の背中に体当たりする。

ふたりは転がるようにしてバルコニーに出た。眼下では、ロンドンの街の明かりが広がっている。風が吹きすさび、ふたりのまわりでうずを巻く。雨がたたきつけるように降っている。

モイラはここでまたマッコードに叫ぶ。「どうして?」

モイラには彼が何を言っているのかわからない。マッコードは首を振り、また何か言ったが、強風にかき消され、ところどころしか聞こえてこない。「……決して……信じないで……もうだめだ……」

マッコードの姿が見えなくなった。がくんと体がよろめいたかと思うと、バルコニーの手すりを越え、飛び降りたのだ。モイラの視界から消えた。

ふたりがいたのは二十四階。ここから落ちて助かるはずもない。

えも言われぬ恐怖がモイラを外套《がいとう》のように包みこむ。体の自由を奪われ、動けなくなる。胸を押しつぶされ、モイラは息ができなくなる。特殊部隊がアパートメントに突入する音がする。あえぐように息を吸おうとするが、空気が体の中に入ってこない。視界が揺らぐ。ひざに力が入らない。そして倒れる。陶器でできたバルコニーのタイルの上に。まだ息ができない。生きていられない。

やめて。


気がつくと、手のひらに自分の爪を突き立てていた。まばたきして過去の記憶を追い払う。過去にとらわれていてはだめだ。今はここで正気を保ち、リックを助け、ドナルドを捕まえなければならない。モイラは呼吸を整えることに専念した。医師から教わった呼吸の応急措置を試す。きっとうまくいくと自分に言い聞かせながら。

うまくいくに決まっている。

ドナルドを逃してはいけない。今度こそ捕まえなければ。

呼吸が整ってきた。視界もはっきりしてきた。

路地の前方でリックが仰向けに倒れ、うなるような声を上げて苦しんでいる。T

シャツの片側が血に染まり、彼は傷口を両手で押さえている。ドナルドは金網フェンスをよじ登っている。もう銃は持っていない——途中で落としたのだろう。モイラはリックに駆け寄った。

「おれは平気だ」リックは顔をゆがませて言う。「やつを逃がすな」

ドナルドはゴミ箱を押しのけ、フェンスを乗り越えようとしている。モイラは大急ぎで駆け寄った。「いい加減になさい、ドナルド。抵抗しても無駄よ」

ドナルドは振り返ってモイラをちらりと見たが、かまわず逃げようとする。モイラはなにくそと走るスピードを上げた。ドナルドはすぐ脇のゴミ箱の上に乗り、足がかりにしてフェンスを越えようとしていた。ぜったいに逃がすものか。

フェンスに隣接したゴミ箱にたどり着いたモイラはまず、ドナルドの肩に体当たりした。モイラのほうが背も低いし体重も軽いが、反動を利用してドナルドの肋骨を肩で強く押したので、彼はバランスを失った。ふたりはそろって地面に落ちた。ドナルドがぼうっとなったタイミングに乗じて、モイラは被疑者の制圧に入った。ドナルドを腹ばいにして地面に押しつけると、両腕を背中の上のほうまで引っ張り上げた。

「じっとして。動かないで」

ドナルドは彼女から逃れようと抵抗したが、背中の高い位置で腕を押さえられてい

るので、まるで陸に打ち上げられた魚のようにのたうち回ることしかできなかった。

モイラはひざを使って背中を固定し、さらに動きを封じこめた。残っていた力を振り絞ってドナルドの両手首を握りながら、早く警察が来ないかと祈っていた。

48

リック

「これを使え」痛みで顔をしかめながら、リックはブーツの紐をモイラにわたした。

「当座はこれで縛っておけ」

モイラはリックから受け取った紐で、ドナルドの手首を縛って、手錠の代わりにした。

リックの意識が遠ざかっていく。ひざを曲げ、アスファルトの上に腰を下ろした。吐き気をこらえているが、具合はどんどん悪くなっているようだ。撃たれた脇腹を押していると楽になる。銃弾が体を貫通したと見て間違いない。すでに大量の血が流れたのに、止まる気配はいっこうに見られない。リックは過去にも何度かこんな目に遭っている。

「立ってもいいか?」ドナルドが訊く。「こんな体勢じゃあ窮屈でしょうがない」

モイラはリックに目を向け、判断をゆだねたが、彼は首を振った。モイラがクスッと笑ったので、リックは自分の意図が伝わったと感じた。ドナルドはご近所へ盗みに入り、若い女性を殺している。窮屈で済むのならまだ楽なほうだ。

「警察が来るまではだめ」モイラは言った。

ドナルドはリックを見た。「動機を訊かないのか」

「そうだな」苦痛が顔に出ないようこらえているが、痛みのせいで声に力がない。

モイラはドナルドの背に当てたひざにいっそうの力をこめた。「クリステンを殺した動機を言いなさい、ドナルド」

「殺す気はなかったんだ」ドナルドは半分泣いているような声で言った。「弾みであなって、どうしようもなく……」

「どうしてあなったかを聞きたいの」モイラの声には情け容赦のかけらもなかった。そして、ドナルドの背中をひざでもう一度強く押した。「さあ、言いなさい。彼女に何をしたの？」

「おれが盗みに入っているのを彼女に見られた。逃げようとして壁を乗り越えたとき、たまたまそこにクリステンがいた。そして写真を撮られたんだ」

話のつじつまが合わないとリックは思った。クリステン・アルトマンが殺された晩、

窃盗事件は起きていない。殺人事件の数日前までなかったはずだ。「だから彼女を殺したのか？」

「いや、違う、写真を撮られたのは一か月ほど前だ。そのときは逃げられたから、彼女も脅迫を思いとどまったんだろうと思っていた。だが、そうじゃなかった。あいつとは前に会ったことがある――〈フライング・ムスタング・カジノ〉でブラックジャックのテーブルにいたときにな」ここで首を振ったあと、ドナルドの口調がとたんに乱暴になった。「あのインチキカジノのせいで、おれの人生は台無しだ。あのカジノに行って遊んでいなければ、途中でやめて帰っていれば、こんなことにはならなかったんだ」

「大負けしたのか？」痛みが少しでも和らぐよう、傷口を強く押しながらリックが訊く。

「ああ、そのあとにもまた」ドナルドはリックの顔を見上げた。「家も失いかけた。借金の返済で金が必要だった」

「だからご近所へ盗みに入ったっていうの？」モイラは嫌悪感をはっきりと声にして尋ねた。

「こっちも必死だった。心機一転を図るためにここに来たんだ。もちろん生活のレベ

ルも落としたさ、ベガスで大負けしてからというもの、おれができるのはせいぜいそれぐらいだった」

ドナルドの愚痴がはじまった。

「まさか、ここにもカジノがあったなんて。だが、あるとわかってしまうと、ついついカジノに足が向いて……そうさ、貯金を使い果たしてしまった。金を稼ぐ手段が必要で、盗みとは、自分でもいいことを思いついたと思ってたんだが、あの性悪女、クリステンに盗みの現場を目撃されてからというもの、もっとヤバいことになった。あの女から脅迫されたんだ。最初は五千ドル取られた。次は、もう一万ドルよこせと。そんな金はないと言ったのに」そしてドナルドはすがるような目でリックを見た。「だから自分のためには盗んじゃいない。この辺の家に入って貴重品を盗み、クリステンにわたすことにした――現金で五千ドル、残りの五千ドルは置き時計やメダル、宝石といった現物で払うつもりだった。こんなことはとっとと終わりにしたかった。ところが、あの女は一万ドル払えば終わりだと言っていたくせに、金をわたしたとたん、気を変えた。月払い制にすると抜かしやがった――毎月二千ドルずつ払えと」

ドナルドは大きくため息をついた。モイラはものすごい剣幕でドナルドをにらみつけ、リックは黙ったまま、ドナルドがまた話しだすのを待った。何があったか、自分

から言わせるほうがドナルドのためになると判断したからだ。自分が黙れば、ドナルドのほうから話を続けるだろうと踏んでいた。

ドナルドはうなだれた。「払えなかったんだよ。カジノの借金は残っているし、持ち家を失うかどうかの瀬戸際にあり、コミュニティの施設費や自治会費も滞納してて、ここから追い出されるのも時間の問題だった。クリステンは一万ドル払えば許してやると約束したんだ。もう二度と金をせびらないと言ったくせに」

「だから彼女を殺したの？」モイラが尋ねた。

「おれが……クリステンの手に金を押しつけたら、あいつはバランスを崩して――リュックサックの中に貴重品が入っていて重かったせいだ。あの女がふらついて倒れそうになったとき、おれの手が無意識のうちに動いた。待ち合わせのとき、あいつが必ず持っていたちっぽけな銃をつかむと、クリステンに向けた。一万ドル払えば終わりにする約束だったじゃないかと言いながら。するとあいつは……せせら笑ったんだ。だから、おれ……」ドナルドはうつむいてアスファルトを見た。落ち着こうと必死な様子だった。そして、体をひねって上を向き、背後にいるモイラを見た。「あのときのおれはどうかしていた。あいつにわめき散らしながら、あのちゃっちい銃を撃った。狙いをちゃんと定めもせずにな」

リックの耳に、はるか遠くでサイレンの鳴る音が聞こえた。間もなく警察が着くだろう。「それで、どうした？」

「クリステンは少しよろめいたあと、プールに落ちた。そこで、おれがあいつを撃ったのだと、はっきりと自覚した――あの女が胸から血を流し、喉を鳴らして、あえぐような変な声を上げていたから。クリステンからリュックサックを取り戻そうとしたが、彼女はプールの中央へと流されていった。クリステンにもバッグにも手が届かない。彼女は顔が沈まないようにと、水しぶきを上げながら必死にもがき、リュックサックから手を離したが、盗品が入ったバッグはプールの底へと沈んでいった」

「あなたはそのまま逃げたってわけ？」モイラが訊いた。

「違う」ドナルドはしわがれた声で言った。「しばらくそこで助けようとした。クリステンは今にも死にそうだったし、バッグから流れ出てきた紙幣が水面に浮かんでいたし。おれは泳げないから、プールサイドで腹ばいになり、取れるだけの紙幣をすくい上げた」

モイラはとがめるように目を細めた。「クリステンがプールで溺れかけていたときに、そんなことをしてたの？」

「金が必要だったんだよ」ドナルドはとっさに言い返したが、じきに黙った。

モイラはただ首を振るばかりだった。
リックは歯を食いしばり、痛みをこらえていた。
サイレンの音がどんどん大きくなっていく。

49

フィリップ

撃ち合いがあった路地は喧噪のさなかにあった。入り口付近に警察車両が警告灯がついたまま四台停《と》まり、救急車は間もなく到着する。制服警官が群れを成し、私服刑事が罵声を飛ばして現場を仕切ろうとしている。車でのチェイスのせいで急上昇した心拍数を元に戻そうと深呼吸をしながら、フィリップはにんまりした。まるで昔の職場のようだ。彼はまさに犯行現場の真っ只中にいるのだから。

犯人を追う際、モイラとリックに後れを取ったのはしかたがない。あのふたりよりも年を取っているのだから、想定の範囲内だし、リジーが彼の前に立ちはだかっていた。リックとモイラは頃合いよく現場に駆けつけ、モイラが被疑者を地面に押さえつけて拘束、かの哀れな娘がいかにして、また、なぜ殺されたかについて、犯人に自供させた。多少息切れを起こしてはいたが、呼吸を安定させようと努力した甲斐があり、

フィリップも話を聞くことはできた。ただまだ少しフラフラする。

自分たち四人はやり遂げた――事件を解決した――そのことについては誇らしいと思っている。ただ犯人が〈オーシャン・ミスト〉コミュニティを闊歩《かっぽ》していた、しかも、住民のひとりだったというのは問題である。住民の審査プロセスが不十分であったと、住民選定委員会に苦情を提出する用意はすでに固めている。ドナルド・エトウッドに、ここ〈ザ・ホームステッド〉での住居購入を認めるべきではなかった。苦情では生ぬるいと、フィリップは徹底的に糾明するつもりでいた。

少し離れたところでドナルド・エトウッドの身柄確保を目撃していたフィリップは、路上にいたモイラ、リック、リジーのそばに行った。フィリップは悲嘆に暮れながら首を振った。ひと足遅く到着したせいで、犯人確保の決定的瞬間を見逃してしまった。書類仕事は警察に任せるとしても――それについてはフィリップも異論はない――それでは自分の見せ場がない。事件の大事な目撃者として、警察はフィリップに話を聞きに来るだろう。

フィリップはリジー、モイラ、リックと向き合った。三人とも彼がいるのに気づいていないが、かえってそれでよかったと思えるのは、心拍数がずっと上がっていて、ちょっと張り切りすぎたかと気が気ではなかったからだ。フィリップは胸から手を

そっと離し、大きく息を吸いこんだ。もう痛くない。安堵の念が全身を駆けめぐる。どうやら大丈夫そうだ。

ただ、リックはとても大丈夫とは言えそうになかった。どう見てもよろしくない。シャツの片側は血で染まっている。歯を食いしばり、日に焼けた肌が青ざめている。モイラは一心にリックを見つめ、着ていた上着を当座の止血布として使い、手で強く押さえて血を止めようとしている。血液は布から染み出てモイラの手を濡らし、指を深紅に染めている。

フィリップは三人に近づいていった。「様子はどうだ？　何か手伝えることはあるかい？」

モイラは振り返りもしない。「病院で手当てしてもらわなきゃ。救急車はもう来る？」

「まだよ」路地から表通りに目をやりながらリジーが言う。「リックが撃たれたのを見てすぐ連絡したわ。急を要する状況にあるとも伝えているから」

リジーが電話をしているのはフィリップも聞いていた。すぐに911にかけ、救急車を呼んでいた。「今、向かっている途中だよ」

「早く来てほしいの」モイラが返した。

モイラの声は不安に加え、おびえているようにも聞こえた。それがフィリップには意外だった。モイラはいつも自信にあふれ、リーダーの資質があり、たまに仕切りすぎて鼻につくところもあったのに。それが腹立たしく思えたが、今のモイラは見ていて心配になる。リックは不死身の男――自分を律し、体も鍛え上げている――そんな彼が凶弾に倒れるわけがない。無事に決まっている。何と言ってもリックは善良な市民だ。そう考えながらも、善良であれば不幸な目に遭わないわけではないのもよくわかっている――善良な市民が不幸に見舞われることがあるのは、フィリップも苦い経験を経て知っている。

苦痛に顔をゆがめるリック、傷口を手でふさいでいるモイラを見やる。救急車が来たら応対するのだろう、リジーはふたりから離れ、表通りに向かって歩きだした。

フィリップは手持ちぶさただ。

フィリップは遠くにいる警官たちに目を向ける。現役時代なら、決まって自分が場を取りしきり、最後まで面倒を見たものだ。だがこの日、地面に押し倒されて拘束中のドナルド・エトウッドを連行するよう制服警官らに指示を飛ばすのは、ゴールディング刑事の役目だ。ドナルドをさっさと立たせ、しょっぴいていけと制服警官に怒鳴っている。ドナルドが何を言っているのか聞こえにくかったので、フィリップは少

し近づいてみる。聞き取りにくいことに変わりはなかったが、ゴールディングはドナルドを乱暴に押しやると、静かにするようにと言い、被疑者の権利についての文章を読みはじめた。

被疑者の権利も英米で文言が違うものだなとフィリップは感心して聞いていたが、ゴールディングが読み終わる前に、リジーが路地の突き当たりでぴょんぴょん飛び跳ねながら、表通りに向かって手を振りだしたので、フィリップはそれどころではなくなってしまった。間もなく救急車が青い警告灯を光らせながら、路地の奥へと入ってきた。救急医療隊員二名が救急車から降りると、リックを指差しながらリジーと何やら話しだした。

「救急車が来たぞ」フィリップはモイラに言った。

モイラはびっくりしたように振り返った。ほおが真っ赤だ。髪は汗に濡れ、額にへばりついている。そしてまたリックと向き合った。「救急隊が到着したわ。あとちょっとで助けに来るから」

救急医療隊員が車の後ろからストレッチャーを下ろし、こちらに駆けてくるのを認めると、フィリップは彼らに向かって手を振った。「あとは任せなさい、ぼくが彼らをちゃんと誘導するから」

モイラは返事をしなかった。ただひたすらリックの傷口を押さえ、大丈夫よと彼にずっと語りかけていた。フィリップも無事であってほしいと願った。リックの顔は数分前より一段と青白くなり、肌がろうを引いたように不自然な質感に変わっていた。リックはもう目を開かず、呼吸が浅く、速くなっていった。フィリップは救急医療隊員に向かって大きく手を振り、一刻も早くここに来てくれと祈った。

救急医療隊員がリックをストレッチャーに乗せ、救急車まで運ぶのを三人で見守っていた。モイラはフィリップのほうを向いて言った。「リックは手術が必要になるかもしれない。わたし、病院に行くわ」そして、ドナルド・エトウッドをパトカーに乗せようとしている警官たちに目をやった。「事情聴取はあとで受けるって伝えておいて」

「もちろんだとも。そうしたほうがいい。ゴールディングのことはぼくに任せなさい」

「ありがとう」

モイラが後部ドアから救急車に乗り、リックが乗ったストレッチャーのすぐ脇にある補助椅子に座るのをフィリップは見届けた。救急医療隊員がガチャンと大きな音を

立てて後部ドアを閉め、救急車が動きだす。少し間を置いて警告灯がともり、救急車はサイレンを鳴らしながら去っていった。

フィリップはリジーに言った。「リックは無事だといいが」

リジーは何も言わなかった。

「きみ、救急車を呼んだのはお手柄だったぞ。あと、警察への通報も」

「そうね」リジーは夫を見もしない。

この気まずい雰囲気はどうすれば和らぐのだろうか。妻は明らかに自分にまだ腹を立てているし、警察をやめる前に何があったか話してほしがっている。言いたくても言えないフィリップの気持ちなどおかまいなしだ。過ぎたことを今さら思い出したくもないし、認めたくもない。体調が悪化したため刑事の仕事はもう続けられないと、面と向かって妻に話すこともできなかった——恐れが先に立って、地位や階級を失ってしまったら、妻からないがしろにされるのではないかとも考えていた。心臓発作を起こしてからというもの、リジーから軽んじられているような気がしてならない。かつての立派だった夫ではなくなったと思っているのではないかと。同じベッドで寝てくれなくなったのも、そのせいだろうか。

フィリップは大きなため息をついた。終わったことをくよくよ考えてもしかたがな

い。過去は過去であり、すでに起こったことはやり直せないのだから、前に進み、同じ過ちを繰り返すしかないのだ。「リジー、あのさ、ぼく……」

リジーが顔をそむけたので、フィリップは妻の背をながめる羽目になった。彼女と向き合って詫《わ》びたいのに、さらに誤解を招きそうなので、できずにいる。だから何も言わなかった。その場にぴったりの態度も、言葉も思いつかなかったから。

このタイミングでゴールディング刑事と私服警官がドカドカとこちらに向かってきて、フィリップはむしろほっとしていた。

ゴールディングはまずフィリップを、続いてリジーを指差して言った。「おふたりからお話をうかがいたいのですが」

「もちろん協力するさ」フィリップは言った。

ゴールディングはリジーに言った。「こちらはジョンストン刑事、奥様の事情聴取は彼が担当します」

「どうぞよろしく。聴取はここでやります？」

「こちらにどうぞ」若手のジョンストン刑事が言った。

フィリップはリジーが歩いて路地に戻り、警察仕様のトレイラーへと案内されるのをながめていた。あの車両は救急車の出発から数分後に到着し、臨時の取調室として

機能するようだ。彼はゴールディングとふたり、その場に取り残された。「となると、きみがぼくに事情聴取を行うんだね？」

ゴールディング刑事は険しい顔で言った。「事件から手を引けと言ったはずだ、スイートマン、それなのにまた顔を合わせるとは」

「ぼくはてっきり、殺人犯を確保した礼を言われるのかと思っていたが」

ゴールディング刑事は顔をそむけ、フィリップに聞こえないようにして悪態をついた。そのまま長い沈黙が続くと、ゴールディングのほうからフィリップの目を見て言った。「進行中の捜査を妨害したとの理由で、あなた方全員、逮捕されなくてよかったと感謝してほしいところだ」

「きみの手柄にもつながったんじゃないかね？　ぼくらを逮捕しなかったことがだよ。真犯人を逮捕して自供させたのだから」フィリップは両眉を上げ、にんまりした。

「つまりはだ、ぼくらはきみたちの役に立ったと言える」

ゴールディングは顔をしかめ、ふたりはしばらくにらみ合っていた。フィリップはにらまれても別に平気だった。自分の主張は正しいという信念があったからだ。

ついにゴールディングは目をそらし、首を振りながら言った。「わかりましたよ、あのですね、警察はあなたから事件のあらましをすべてうかがわなきゃいけない。記

録を残すためにね」そして、鋭いまなざしでもう一度フィリップを見据えた。「事情聴取は録画しますが、あー、例の冗談や、その辺に関する発言は一切ご勘弁願いたい」

ゴールディングには何か不都合なことがあるようだが、フィリップも、そうおいそれと勘弁してやる気はなかった。言っていることがわからないという顔をして、眉をひそめてみせる。「例の冗談とは？」

「事件から手を引かないとバラすと言った、あの件だ」

「ああ、そうか、そうか、なるほど」フィリップが目をそらさないでいると、ゴールディングはもじもじしだした。「そうだな、きみが二度とぼくを脅すような真似をしなければ勘弁してやってもいいかな」

ゴールディングはほおを真っ赤にしながら、喉をゴクリと鳴らして言った。「あれはこちらの言い方に問題があった」

フィリップは落ち着いた口調を保った。ここは冷静に振る舞おう。「では、われわれの冗談は録画に残さないよう気をつけよう」

「よろしく」ゴールディングは可動式取調室を手で示した。「では、事情聴取をはじめようか」

涼しい顔をしていたが、フィリップは心の中で拳を突き上げ、快哉《かいさい》を叫びたいところだった。事件から手を引けとこの刑事に脅されてから、二十四時間も経っていない。今やこいつは協力を要請するばかりか、自分の証言を公式に記録として残そうというのだ。それに、〝冗談〟と言ったあの件で、フィリップがゴールディングに貸しを作り、お互いそれを認識している。ふたりの力関係は変わり、今やフィリップが主導権を握る立場にある。

フィリップはジョンストン刑事とリジーを見やる。ふたりは可動式取調室に着き、刑事がドアを開けてリジーを先に通そうとしたそのとき、妻は振り返ってフィリップのほうを見ると、にっこり笑ってみせた。彼の心に希望の花が開いた。笑ったのはいい兆候で、ぼくにはもう腹を立てていないのだろう。フィリップは振り返ってゴールディングに向かってニヤリと笑った。「もちろんだとも、刑事殿、何なりと協力しようじゃないか」

50

モイラ

モイラが病院に足を踏み入れるのはこの日二度目になる。病院の大きなベッドでハンクがまるで子どものように小さく見えたのとはうらはらに、リックは子ども用ベッドに寝かされた巨人のようだ。腕に刺した点滴や、人差し指に装着した心拍数モニターを払い落とさないよう気遣いながら体を起こそうとして、彼は苦痛に顔をゆがめた。

「大丈夫？」モイラが訊く。

「平気だよ。まだ傷がふさがっていないけどな」

モイラはほほえんだ。「タフガイ気取りね」

リックはそんなんではないと首を振った。「タフなのはきみのほうさ。被疑者を確保した。ブーツの紐を手錠代わりにしてあいつの手首から自由を奪った。一連の行動

はお見事としか言えない」

モイラは照れ隠しにリックから視線をそらして、心拍数モニターを見やった。心拍を表すピッピッという音は安定したリズムを刻み、グリーンの波形は落ち着いているようだが、安心するのはまだ早い。「しばらく安静にしていないと」

「モイラ、きみこそ大丈夫か？」リックが心配そうな声で尋ねる。

モイラはもう一度リックを見た。彼は自分を気遣ってくれている。自分がしばらく黙っていれば、リックのほうから沈黙を破って話題を変えてくれると思ったのだが、彼は何も言わない。じっとモイラを見ている。話しかけてくれるのを待っているかのように。

モイラはゆっくりと息を吐いてから話をはじめた。「ねえ、あなたが言うとおり、わたしはドナルドを確保したけど、あなたが撃たれて……。あのときわたしは何もできなかった。ショックで体が動かせなかった」

リックは寝返りを打ってモイラとの距離を縮めたが、動いたせいか、痛みに顔をゆがめた。「ほかにも話したいことがあるんじゃないか？」

胸の内を見透かされたようで、モイラは動揺した。「別に」

リックは片眉を上げた。「ほんとうにそうなのか？」

自分としても話してしまいたいのが本音だった——事の顚末《てんまつ》を、時間の経過に従って、最初から最後まで。何があったか、どこに落ち度があったかを語っておきたい。そうは言いつつ、この人に自分をさらけ出すべきではないと思う自分もいる。これ以上親しくなってはいけないから。モイラはリックの瞳を見つめた。リックに話すべきではないと思っているのに。「聞いてくれるのなら」

「うん、何があったんだ？」

「これまでの不調はパニック発作のため。だから警察を早期に退職したの」これだけ話せばもう十分だ。発作が起こる原因となった事件のことまで語らず、あったことだけ話せばいい——これで納得してもらえるはず。「最初の発作が起こったきっかけは、失敗に終わった突入作戦だった。ある犯罪者集団の動向を数か月にわたって追い、組織の全貌を究明して、トップにいる大物を特定する作戦でね。そしてついに、組織の中心人物の名前——ボビー・ポーター——と、彼のペントハウスの住所を突き止めた。でも、それ以外の情報は入手できず——ボビーって名前も偽名だったし——わたしたちは作戦を練り直して実行に移した」

リックは黙って聞いていた。モイラをじっと見つめたまま。

モイラは話を続けた。「被疑者が住んでいたのはテムズ川沿いの瀟洒な高級アパー

トメントで、ペントハウスは二十四階にあったわ。わたしたちは慎重に作戦を進めた――マッコードが主導して、ボビーに自宅へ招待されるよう手はずを整えた。マッコードはビジネスマンになりすまし、ボビーに近づくと、商談の席を設けて、わたしと、チームメンバーのジェニファー・ライリーをペントハウスに連れていった。あと二名のメンバー――パンとクレス――は武装して後方支援に回った。ボビー・ポーターとギャングとの関係についての決定的な証拠がほしかったの。商談は表向き順調に進んだけど、ポーターはわたしたちが期待していた反応を示さず、話はおかしな方向に進みだした。わたしはいやな予感がした。でも、下の階には武装特殊部隊が待機していて、交渉が決裂したところで突入することになっていた」

「で、連中は突入したのか？」

「ええ。激しい銃撃戦になったわ」モイラは記憶の糸をたぐるように、しばらく目を閉じた。「こんな修羅場は何度もくぐり抜けてきたけど、どうしてあんな結末を招いてしまったのか、今もわからない。マッコードとポーターの会話が途切れて、ドアの前にいるポーターの用心棒たちがわたしたちをアパートメントから追い出しそうになった。そうならないよう、わたしは話題を先に進めた――ギャングたちが国外に送ろうと進めている特別な貨物に、わが社の製品を入れてくれませんかと」

「連中はどう答えた？」

モイラは首を振った。「それが裏目に出たの。相手方は何の反応も示さなかった。ただ座ったまま、どう答えようか迷っているみたいだった。あとになってそのとき起きたことを思い返してみたら、見落としていたことがひとつあったのに気づいた。商談とは別の話が進んでいたのよ」

リックが身を乗り出した。話の先を早く聞きたいと言いたげに。

「マッコードとポーターは目配せしていた。ほんのかすかな動きだったので、それがそんな大事なことだったとは思えなかった。ふたりは白いソファに座っていて、ポーターがまばたきし、マッコードがわずかにうなずいた瞬間、悲劇の幕が開いた」

「ふたりはグルだったのか」

「ポーターは〝やれ〟という指示をマッコードに送っていたの。合図と同時にふたりは立ち上がり、部屋から出ようとした」ここでモイラは大きく息をついた。「そのときマッコードが銃を抜いた。持っているはずのない銃をね――彼は火器の携行を認められていなかったから。わたしはてっきり、マッコードがポーターを威嚇するつもりだと思った。全員が一斉に立ち上がると、彼はポーターに背を向け、ジェニファーを撃った」心の目で記憶をふたたび体験しながら、モイラは身を震わせた。「マッコー

ドはジェニファーを撃った、ためらうことなく。十八か月間も行動をともにした仲間を。友人同士だったのに。信じられない……」

「ポーターはどうした？」

「逃げたわ。ジェニファーを撃ったのは、わたしたちの意識をそらすためで、作戦は成功した。ポーターは騒ぎに乗じて素早く立ち回れた。ペントハウスには隠し部屋があってね、わたしたちが手に入れたビルの設計図には書いていない逃亡ルートとつながっていた。ポーターたちは誰にも追われることなく逃げおおせて、いまだに所在不明よ」

「つまり、マッコードは同僚を撃ち、犯罪者を逃したということか」

「そのようね」モイラは大きなため息をついた。「止血を試みたけど、銃弾は動脈に達し、ジェニファーはもう助からなかった。マッコードはバルコニーに逃げた。特殊部隊がじきに到着するのもわかっていたでしょうし、逃げ切れると思っていたのかもしれない、でも……」モイラの手が震えだした。

リックは手を伸ばしてモイラの腕に触れた。「わからないことばかりだったけど、マッコードがどうして裏切ったのか知りたかった。でも、それを知ることはできずに終わった。マッコードはバルコニーから飛び降りた。二十四階の高さから」マッコー

ドがバルコニーでつぶやいた〝裏切るような真似をしてしまった〟という言葉がモイラの脳裏をよぎる――飛び降りる最後の瞬間、彼が見せた表情も。マッコードにはモイラに伝えたいことがあったのに、彼は自分で封印してしまったように思えた。モイラは両手で堅く拳を握った。そうすれば手の震えが止まるのではないかと思ったからだ。話してくれたらよかったのに。マッコードの気持ちを理解したかったのに。モイラは視線をリックへと戻した。「マッコードは舗道にたたきつけられ、即死だった。ペントハウスではジェニファーが白いソファの上で失血死した。発砲から三分も経たないうちに、チームの半分のメンバーが死んでしまった」と言ってモイラはうつむいた。指を固くからませ、力をこめた。「そのとき発煙弾が爆発し、火災報知器が鳴りだした。特殊部隊が突入し、あたりは大混乱となった。煙に巻かれ、わたしの目は焼けるように痛んだ。必死になって止血していたせいで、両手はジェニファーの血で染まっていた」モイラは自分の両手に視線を落とし、この手が血塗られた日のことを思い出していた。そして、ふたたびリックと目を合わせた。「そのときよ、わたしがはじめてパニック発作を起こしたのは」

リックはヒュウと長めの口笛を吹いた。「さぞかしつらかっただろう。そのあと、メンタルのサポートは受けたのか？」

モイラは顔をそむけた。「しばらく医師に診てもらっていたわ。この逆境を乗り越え、必ず現場に復帰してみせるってがんばろうとした。でも、だめだった。パニック発作はおさまらなかった。責任は自分にあるのもわかっていたし、今後同僚を危険な目に遭わせるリスクを冒すわけにはいかなかった。わたしの両手はもう、いやというほど血で汚れていて……」

「おい、ちゃんとおれを見て話せ」

モイラは顔を上げ、リックの目を見た。

リックは強いまなざしで彼女を見ている。「マッコードが取った行動はきみのせいじゃない」

「わたしのせいよ。彼をチームに誘ったのはわたしだから。ジェニファーを連れていったのもわたし」

「違う、マッコードは寝返るよう強いられ、やむを得ず敵対勢力につくことを選んだ。それは彼が選んだ道だ」

「間違った道を選んでしまったのね」

「そのとおり。しかも選んだのはマッコードであって、きみじゃない」

「前職ではずっと、えこひいきだけはしないと心に決めていたんだけど、心が通じ合

う部下は常にいたわ。マッコードがそうだった。彼は若くて、息子のように感じていたし、わたしも彼のよき相談役として振る舞っていた。四年間一緒に行動していた。頭が切れて才能に恵まれていて。飲み込みが早い子だった」

「彼を信頼してたんだね」リックはモイラに尋ねるのではなく、事実として語った。

「その信頼が徒《あだ》になった」モイラは頭を抱えてうつむいた。「彼を見る目がゆがんでしまった。マッコードに何があったか、ちゃんと確認するべきだった——組織を裏切るようなことがあったのなら。わたしがちゃんとしていれば、同僚のジェニファーも死なずに済んだのに」

「人はみな、すべてを把握することなんかできない」

モイラは厳しい目でリックをにらんだ。「わたしは上司よ、主任警部だったのよ。すべてを把握するのがわたしの役目じゃない」

「おれはな、きみもひとりの人間だと言いたかったんだ」リックの声は穏やかで、思いやりにあふれていた。「そのマッコードとかいうやつが、きみが言うとおり頭が切れたのなら、組織を裏切ったことを隠し通せたはずだ。きみは人としても立派だし、優秀な刑事だった」

モイラの表情が少し和らいだ。「どうしてそう言えるの？」

「知ってるからさ。この数日間一緒に行動して、きみの働きぶりを見せてもらった。きみの手は同僚の血で汚れてなどいない。血で汚れたのはマッコードであり、彼を寝返らせたギャングだ」

「そうとは思えないわ」

「気持ちはわかる」

モイラは、リックのまなざしにかすかな苦悩が見えたように感じた。もしかしたら、リックも現役時代に似たような思いに悩まされ、その体験をもとに話しているのかもしれない。「彼が裏切った理由を前もってわかっていたらよかったのに」

「それで結果は変わっただろうか？」リックは変わらず厳しいまなざしを見せていたが、少し眠たくなってきたのがわかった。薬が効きだしたのだろう。

「わからないわ」モイラはもう一度考えてみた。どのような結末であっても、ジェニファーはやはり殉職しただろうし、ポーターは逃げただろう。そしてモイラも、自分のキャリアをあきらめざるを得なかったと思う。

「結果は変わらないだろうけど、せめて、これはわたしの過失だったのか、予測できた行動だったのかを知っておきたいし、もし――」

「だから言っただろ、きみに落ち度はない」リックはモイラの手を取り、きつく握っ

た。「自分の生き方は自分で選ぶ、その責任を取れるのは自分しかいない」

モイラは視線を落とし、自分の小さな手が、日に焼けた大きな手に包まれているのを見た。リックの指の温かさを感じると心が癒やされ、彼の言葉に勇気づけられた。あのとき、組織の仲間たちを信じることができたなら。

ドアが大きな音を立てて開き、モイラはビクッとした。ふと冷静になり、モイラはリックの手から自分の手を離して振り返った。ドアのところにはゴールディング刑事がいた。〈マナティー・パーク〉のプールサイド、犯行現場で彼と最初に会った二日前が遠い昔のことのように思えた。

「これからあなたの調書を取ります、ミズ・フリン」

そろそろだと思っていたし、先延ばしにする理由もない。「わかりました。ただ、場所はこの病院の中でお願いできますか？　リックのそばにいたいので」

「あなたは証人です、被疑者じゃありませんよ」ゴールディング刑事はにんまり笑ったつもりでいるが、モイラの目にはしかめっ面に見える。「差し支えなければここでもかまいません」

モイラはリックを見やった。点滴で投与中の鎮痛剤がようやく効いてきたのか、彼はもう目を閉じていた。椅子から立つと、モイラは指先でリックの額をなでた。「す

ぐ戻るから」

リックのまぶたがかすかに動くと、彼はほほえんで、何やらつぶやいたが彼女には聞き取れなかった。

モイラは名残惜しげに指先で彼の腕に触れたあと、後ろを向いてゴールディングと一緒に廊下へ出た。リックから離れるつらさを考えないよう自分に言い聞かせながら。〈ザ・ホームステッド〉に引っ越したばかりのころ、控えめな余生を送るために目立たないよう振る舞いたいなら、親しい友だちづきあいや地域とのつながりを深めてはいけないと決めていたはずだ。人と心を通わせるほど、気持ちに余裕はない。うまくいかずに負う心の傷は、あまりにも深いから。

不安を心の奥に押しこむと、モイラはリックの病室のドアを閉めた。そして、ゴールディング刑事と向き合う。「さあ、やってしまいましょう」

51

モイラ

一週間後

ウエーターが二本目のシャンパンのコルクを仰々しく開けると、四人は拍手した。何をおいても、今日はお祝いだ。事件を解決し、殺人事件の真犯人——ドナルド・エトウッド——は逮捕され、収監されて裁判を待つ身。例の青年、マイキー・グラフテンは釈放され、疑いはすべて晴れた。風光明媚《めいび》な〈キーサイド・スクエア・ガーデンズ〉の高級レストラン、ベランダに用意されたテーブルには海をテーマに選んだテーブルセッティング、キャンドルの炎がまたたき、水平線には日没間際の太陽が臨め、何を取っても最高の演出が施されている。傍からは、そう見える。

「このボトルはあちらのテーブルにいる男性のお客様からです」グラスにおかわりを

注ぎながら、ウエーターが言う。「住民の不安を解消してくれたお礼だとか」

モイラはベランダの隅のテーブルに目をやる。白髪まじりの赤毛でアロハシャツ姿の男性がふたり、自分たちに向けてグラスを掲げていた。

リックが手を振る。「あのときの双子か――マークとジャック」彼は少し声のボリュームを上げた。「うれしいよ！」

モイラはほほえんだ。こんな絵に描いたような時間はつかの間のまやかしに過ぎないとわかっていても、今は存分に楽しもうと思った。ウエーターがグラスにシャンパンを注ぎ終えると、モイラは立ち上がり、自分のグラスを掲げた。「正義に乾杯」

フィリップとリジーも立ち上がり、自分のグラスを掲げた。リックもグラスを持ち上げはしたが、座ったままでいた。

全員で声をそろえる。「正義に乾杯」

三人が席につくと、リックがふたたびグラスを掲げて言った。「よき友に乾杯」

ふたたび乾杯し、シャンパンをひと口飲むと、モイラはこの新たな友人たちがもたらすさらなる騒動については考えないことにした。モイラが三人をトラブルに巻きこむことだってあり得るのだから。

リックはフィリップと料理について話が弾んでいるので、モイラはリジーに話しか

けた。「その後、どう？」

リジーは首を横に振ると、モイラに顔を寄せ、ささやいた。「あの人、自分がだんまりを決めこめばなかったことにできると思っているみたい」

「で、あなたはどう思ってるの？」

リジーは大きく息をついた。「なかったことになんてできるものですか。こっちはきちんと話し合いたいのに、こちらから話を振ると、主人は決まって逃げてしまうの」リジーはため息まじりに嘆いた。「あの人の気持ちがわからない。あの一件にはまだまだ裏があるような気がしてならないの」

モイラはちらりとフィリップに目をやった。七十一歳という年齢にしては若く見えるし、眉間のしわも深くなく、目も血走ってはいない。後ろめたさもストレスも外見からは感じられない。フィリップには良心の呵責《かしゃく》というものがないのだろうか。

「じゃあ、あなたはこれからどうするつもり？」

リジーは肩をすくめた。「まだよく考えていないわ。ただ――」

「なあ、モイラ、『レイク・カウンティ・ニュース』に載ったぼくたちの記事を読んだゴールディングの顔を、きみにも見せてやりたかったよ」シャンパンのグラスをテーブルに置き、バターロールを手にしたフィリップが言う。「警察より先に殺人犯

を見つけた、ぼくたちシニアの活躍を網羅した記事だ——ゴールディングはきっとかんかんに怒っているだろうな」

モイラはうなずいた。「きっとそうよ」

「わたしたちは別に警察の鼻を明かすために事件を捜査したわけじゃないわよね？」リジーが言った。フィリップに向けた笑顔は温かみよりも冷ややかさが先に立ち、モイラはそこから、友人夫妻の間に葛藤があるのを察した。何らかの形で決着がつかないかぎり、リジーの態度が変わるかどうかは疑わしい。

「そうか、そうだな、きみの言うとおりだ」フィリップはバターロールを口に突っこんだ。「大事なのは正義を貫くことだ」

モイラはリジーに笑いかけた。「〈ザ・ホームステッド〉の事務局も神経質すぎると思う。ドナルドは別の州から一時的に〈オーシャン・ミスト〉に滞在中だったとメディアに書かせたようだけど、ここの住民なら、そんなのデタラメだってわかるわ。〈ザ・ホームステッド〉の完璧なイメージを保つため、好意的な内容のニュースしか掲載させない事務局はいかがなものかと、コミュニティのフェイスブック・ページは不満の声がふくれ上がっている。臭いものにふたをするという方針は、そんなにいつまでも続かないでしょうね」

「まったくだ」リックは言った。背筋を伸ばそうとするとまだ痛みが走るのか、顔をしかめている。「それに、トラブルはもう起こらないよ」

「そうあってほしいわ」モイラはもうひと口シャンパンを飲みながら言った。はるか遠くに広がる海、マリーナに停泊し、海上を進むヨットに目をやった。警察官の身分証明書はすでに手放したかもしれないが、捜査をやめる気になったわけではない。ここ二週間ほどの出来事で、そう思えるようになった。〈ザ・ホームステッド〉のきれいに手入れされた芝生、ピックルボールのトーナメントやラインダンスのパーティーが開かれるすぐそばで不道徳な行為がまかり通るのは、実に穏やかではない。「知ってのとおり、事務局がコミュニティ内の事件報道についてメディアに規制をかけてもいいらしいという件について、ずっと考えていたの。ローカル局の買収や報復措置があってもおかしくない。でも、それがエスカレートしたらどうなるかしら」

「エスカレート?」フィリップが訊いた。「警官の対応がか?」

「それもある」モイラが答えた。

「あのさ、おれのダチ――殺人課にいる情報提供者で、ホークっていうんだが、どうもあやしい動きがあると、それとなく話してくれたよ。よからぬ連中とつきあいがある警官がいるとかいないとか」とリック。

「賄賂をもらっているとか、そういうこと？」リジーが訊いた。

フィリップが訳知り顔でうなずいた。「ゴールディングが事件の揉み消しにやっきになっていたのもそういうことか」

「だからこそ、あいつはおれたちが事件にかかわるのをいやがったんだろう」とリック。

モイラが首を振り、声を落として言った「メディアの操作があったとしても、警察を買収するなんて許すわけにはいかないわ」

「じゃあこうしよう」リックが急に言い出した。「それをおれたちの次の捜査にするってのはどうだ」

モイラは首をかしげた。「次の捜査って？」

「決まってるだろ」リックはテーブルを囲んだひとりひとりに目をやった。「せっかく集まった四人だ、これを最後に解散したくないじゃないか」

「ぼくは続ける気満々だよ」フィリップが間髪いれずに言った。「何しろそんじょそこらの探偵クラブや防犯活動など相手にならない、凄腕《すごうで》ぞろいだからな」

リジーは目をキラキラと輝かせ、この晩で一番幸せそうな顔を見せた。「捜査が必要な事件がまだあるの？　楽しそうね」

「だったら名前をつけようぜ」とリック。「おれたちの犯罪捜査クラブを作ろう、会員は四人だけで」

「〈シニア探偵クラブ〉はどうかしら」リジーがにっこりほほえんだ。

「新しいクラブに乾杯だ」とフィリップ。

モイラはずっと黙っていた。目的を持つのはどんな気分だろうと考える――人より得意で、世の中のためになることをして。事件を解決し、ドナルド・エトウッドを法の裁きにかけ、モイラは胸のすく思いがした。もうこのグループから去ることもできなくなったし、連絡を取り合ったほうが、こちらも都合がいい――この三人と親しくすれば疑われずに済む――だったら一緒に捜査に取り組むのが一番じゃない？　だからモイラは笑顔を見せ、もう一度、仲間たちと一緒にグラスを掲げた。「オーケー、わたしも仲間に入るわ」

ディナーを終え、リジーとフィリップは帰っていった。他人に気づかれないよう上手に振る舞っているが、ふたりの間には緊張感がまだありありと残っている。モイラとリックは家に帰る前、ウォーターフロントを散歩することにした。リックが楽に歩けるよう、モイラはゆっくりめに歩いた。リックは数日前よりずいぶん動けるように

なり、退院したのはかえってよかったのだが、立っているとまだ痛みを感じるようだ。

「おれがまるで地獄の扉をノックしたみたいな目で見ないでくれ」憎まれ口をたたいても、リックの顔は笑っていた。

「わたしは、ただ……」モイラは首を振った。「ごめんなさい、あなたが不屈の魂の持ち主なのは知っているけど、撃たれたわけだし、もう少しのんびり暮らしたほうがいいわ」

「そのことはもう散々きみから聞いているけど」

「気になるんだもの、しかたがないでしょ」少し歩いてから、モイラはリックが隣にいないのに気づいた。振り返って、リックの前まで戻る。

リックが眉根を寄せている。「そういうきみはどうなんだ？」

モイラははっと息を呑んだ。胸の鼓動が速くなる。リックの表情が和らいだ。「きみは大丈夫なのかと訊いたんだよ、モイラ。きみはしっかり者の自分を取りつくろうのが上手なのは知っている、だが、病院できみの話を聞いてから、どうやって自分を律しているのか知りたくてね。きみはつらい目に遭い、ひどく傷ついた。今はどうなんだ？」

モイラは大きく息をついた。体中が安らぎに包まれたような気分になった。よかっ

た、わたしの聞き間違いだった。リックはモイラの心の傷は癒えたかと訊いたのであり、お前はいったい何者なんだと問いただしたわけではなかった。もう一歩彼に近づき、スパイシーなアフターシェイブローションの香りを吸いこむと、顔を上げてリックと目を合わせた。

リックはモイラに笑いかけた。「わかってるだろ? おれはきみのそばにいる。何でも相談してくれ」

モイラはリックを見る。優しくて思いやりにあふれた、山のように大きな男性を。ほんとうの自分のことを、ありのまま彼に伝えられたらいいのに。ふたりで同じ秘密を持つと、ある意味気が楽になるものだ。それができないのは自分が一番よくわかっているし、今すぐは無理だ。双方がダメージを受けてしまいかねない。たとえ遠くに移り住んでも、過去を隠し通すことはできない。どんなにがんばっても、ゼロからやり直すこともできない。ただひたすら、自分が積み重ねた人生でできることをやり、ダメージを未来に残さないようにする。

だからモイラは真実に手を加えることなくすべて受け入れ、作り笑いを浮かべる。手を伸ばし、リックの手をギュッと握りしめる。「ずいぶんよくなったわ、ありがとう」

リックが自分の手を握り返したとき、自分のほんとうの名前がモイラ・フリンで、自分の大きな秘密をもう隠さないでよくなったらどうなるだろうと、モイラはふと思った。リックの優しい目を見つめながら、警察病院の医師が語っていたように、すべてをやり直して何も書いていない石板《タブラ・ラサ》になれたらどんなにいいだろうか。

リックの手を離し、モイラは彼に背を向けて海に向かって歩いた。口元から笑みが消えた。なぜならどんなに抗《あらが》っても、過去から逃げ切ることは永遠に不可能だからだ。警察病院の医師の診断は、心理学の教科書に載っている、愚にもつかないたわごとに過ぎない。

人生はタブラ・ラサのように、まっさらな状態でやり直すことなどできないのだ。

謝辞

この本のプロットは、フロリダで継母のドナが住む家を一緒に探していて思いつきました。ドナはそのころ配偶者であるわたしの実父を亡くしたばかり、至近距離に娯楽施設（ゴルフ場やプールなど）がよりどりみどり、行事やイベントが盛りだくさんの、シニア向け大型コミュニティへの移住を計画中でした。理想にかなう物件は見つからず、計画は頓挫したものの、一緒に物件を探し、長所と短所を検討するうち、わたしもいつしか自分の老後や加齢について考えるようになり、退職刑事クラブシリーズの構想を思いついたというわけです。この本が自分の家探しの経験から生まれたのを知りつつ、残念ながら、ドナは出版を待つことなく、二〇二一年四月に他界しました。ドナがこの本を楽しく読んでくれたならと思えてなりません。

物語の構想が立った段階で最初に話を持ちかけたのが、トーマス&マーサーの名編集者、ジャック・バトラーです。彼はこの本の可能性を見いだし、執筆に入る前から、退職刑事クラブをトーマス&マーサーの刊行リストに載せてくれました。いつまでも変わることのない感謝の言葉を贈ります。

心から楽しんで執筆できたのも、トーマス&マーサーのみんなが万全なサポートを

してくれたから。新しい担当編集者――有能なハンナ・ボンド――は誰にも負けない熱意と指導力の持ち主で、本書の書き出しから最終稿までわたしを支え、退職刑事クラブの世界観やイメージ作りに力を貸してくれました。最大級の感謝の気持ちを捧《ささ》げます。あなたと一緒に仕事ができてほんとうによかった。もうひとりの新しい担当編集者、レオドーラ・ダーリントンは、休暇中のハンナの代理として、この本が無事に出版できるよう導いてくれた敏腕編集者です。この上ない感謝の気持ちを大声で伝えます。一緒に仕事ができて、もう、うれしかったとしか言いようがありません。

編集者としてストーリーの構造をとらえた助言や鋭い意見はとても貴重で、本書はこれ以上ないほどすばらしい作品になりました。偉大なるイアン・ピンダーに、胸いっぱいのありがとうを。コピーの編集と校正で驚くほど活躍してくれた、サディ・メインとジル・ハーヴェイ、制作のプロセスで力量を発揮し、最後までわたしをサポートしてくれた、ドリー・エマーソン、ほんとうにありがとう。

トーマス&マーサー社のみなさん――一緒にお仕事をするのが夢でした。レジェンドにして豊富な経験を持つアドバイザー、エージェントのオリ・マンソンには、最初から最後までお世話になりました。最大級の賛辞を。いつも感動的な対応をしてくれた出版エージェント、A・M・ヒースのみなさんにも感謝します。

今回もわたしを励まし、支え、（そして〆切間際、部屋に閉じこもりっぱなしのわたしをそっとしておいてくれた）家族と友人のみんなに、言葉では言い尽くせないほどの感謝の気持ちを届けます。

最後に、お礼を言わなければならない大切な人たちがいます。読者、ブロガー、書評家、同業である犯罪小説家、応援してくれたみんなへ――ありがとう！　親切にしてくれてありがとう。今回、楽しく小説が書けたのも、みんなのおかげです。

わたしについて、もっと知りたくなった読者の方々へ。公式ウェブサイトwww.stephbroadribb.com、Twitter（現在の名称はX）（@crimethrillgirl）、Facebook（@CrimeThrillerGirl）にアクセスしてください――フォロー大歓迎です。

図々《ずうずう》しいお願いでなければいいのですが、わたしの本を楽しんで読んでくださったら、ぜひ感想を書いていただけるとうれしいです。

それでは次回作でまたお目にかかりましょう……ステフX（キス）

著者について

ステフ・ブロードリブはバーミンガム生まれ、バッキンガムシャー育ち。子どものころにシャーロック・ホームズ・シリーズを読んでから、犯罪小説を心から愛する読書家です。英米で仕事を持ち、クリエイティブ・ライティング（クライム・フィクション）の修士号を取得後、カリフォルニア州でバウンティー・ハンターの研修を受講しています。

バウンティー・ハンター、ロリ・アンダーソンがヒロインのシリーズのほか、心理警察スターク&ベル・シリーズ（ステファニー・マーランド名義）を発表。eダニット・eブック・オブ・ザ・イヤー最終候補、ITW賞最優秀新人賞最終候補、デッド・グッド・リーダー賞（恐れ知らずの女性キャラクター賞）、もっともエキサイティングなデビュー賞。ガーディアン紙のノット・ザ・ブッカー賞などの受賞歴があります。

三人の女性作家仲間とともに、www.crimefictioncoach.com で、新人犯罪小説家向けコーチングを行っています。

ステフの情報は www.stephbroadribb.com にアクセスしてご覧いただけるほか、

Facebook（@CrimeThrillerGirl）、Twitter（現在の名称はX）（@crimethrillgirl）をフォローすれば、ステフの最新情報が入手できます。

訳者あとがき

陽光が降り注ぐ温暖なフロリダが舞台、すてきなコージーミステリの幕開けです。

シニア向け大規模住宅地〈ザ・ホームステッド〉は、万全のセキュリティが自慢。犯罪ゼロの安心できる環境に惹かれ、終《つい》の住《す》み処《か》を購入した高齢富裕層が暮らしています。ここに越してきたのが、長身で均整の取れたスタイル、颯爽とした身のこなしが印象的なイギリス人女性、モイラ・フリン。つい最近までロンドンで潜入捜査官として第一線で活躍していましたが、とある出来事を機に警察を早期退職し、大西洋を越え、はるかフロリダまでやってきました。保護犬三匹を迎え、健康で穏やかな余生をひとりで送るために。

そんなモイラが早朝のジョギング中、公園のプールに浮かんだ若い女性の遺体を見つけたことから、彼女は三人の元警察関係者と出会います。イギリスはテムズバレー

署の主任刑事として三十五年間勤め上げたフィリップと、彼の妻で元科学捜査官（CSI）のリジー。フィリップの友人で、現役時代はアメリカ麻薬管理局のエージェントとして活躍したリック。こんなに平和な〈ザ・ホームステッド〉で殺人事件が起こったため、かつての刑事魂が呼び覚まされたフィリップは、地元警察のゴールディング刑事に捜査への協力を申し出るのですが……。

医学が進歩し、フィットネスにいそしむ人々が増え、ライフスタイルの多様化が進んだ結果、現代の六十代はとても若々しく、〝シニア〟と呼ぶのがはばかられるほど。本作では、そんなシニア世代の元警察関係者四人が難事件の解決に乗り出します。傷だらけになりながらも真相を求めて突き進む武闘派のモイラと、たぐいまれなるコミュニケーション能力の持ち主で、誰もが心を開かずにいられなくなる（しかもイケメン！）リックとの間に芽生えた恋のゆくえも気になるところですが、わたしはむしろ、フィリップとリジーのカップルに注目しています。

徹底した仕事人間で家庭をかえりみず、重い心臓発作を起こしたため、フィリップは定年を待たずに退職しましたが、そこには何やら秘密があるもよう。対するリジーは優秀な科学捜査官としてキャリアを築きながらも、夫の退職とともに職を辞し、フロリダで新生活をスタートさせます。ヨガや絵画をはじめてはみたものの、どこか満

たされない毎日。おまけにコロナ禍で娘や孫たちとも会えず、ゆううつな日々を送っていました。几帳面できれい好き、主任刑事として勤め上げたことを誇りに思うがゆえに、回りの人たちを見下すような態度を取る夫との毎日に多少の息苦しさを感じてもいました。結婚生活も長くなると、〝好き〟だけでは済まされないことも増えてきます。同世代の読者は、成熟した大人のカップル、フィリップとリジーのリアルな描写に共感を覚えることでしょう。

『フロリダ・シニア探偵クラブ』は現在、アメリカではシリーズ第三作まで刊行されています。第二作『*Death at Paradise Palms*』では、著名な映画プロデューサーの死の謎に四人が挑み、第三作『*Death on the Beach*』では、自殺とみなされた不動産仲介業者の女性の死を不審に思った四人が、密室殺人事件の真相に迫るというもの。巻を追うごとに着実に人気を集め、当初三部作の予定でしたが、第三作で未解決の出来事が多々あることから、四作目の刊行が決定しているようです。

著者のステフ・ブロードリブはイギリス・バーミンガム出身。ロンドン大学シティ校でクリエイティブ・ライティングを学び、犯罪小説で修士号を取得したあと、カリフォルニアでバウンティーハンターとして訓練を受けます。バウンティーハンターとは、保釈金を支払われて釈放された被疑者が逃亡した際、逃亡者を捕まえて保釈金を

立て替えた保証会社から賞金を得る人たちのこと。日本ではよく〝賞金稼ぎ〟と呼ばれます。

ステフのデビュー作、『*Deep Down Dead*』は、ある事件がきっかけでストリッパーからバウンティーハンターに転身したロリ・アンダーソンこと、ジェニファーの戦いが描かれます。同作は二〇一八年国際スリラー賞で最優秀新人賞の最終選考に残り、全四作の人気シリーズとして完結しました。勇敢でクールな女性主人公が活躍するクライムサスペンスが得意なステフ。本作ではこうしたヒロイン像がモイラに投影されています。

二見書房編集部の山本則子さんは、コージーミステリをはじめて訳すわたしに、的確なアドバイスをたくさんくださいました。フィリップとリジー夫妻の描写では、わたしたち夫婦ならどうするだろうと思いながら訳しました。わたしも夫も、フィリップとリジー夫妻と同じ同業者カップルで、ともに原文と向き合う戦友同士。運転免許を持っていないわたしが車のシーンを訳すとき、いつも助言をくれた夫に、あらためて感謝の言葉を送りたいと思います。

二〇二三年八月